今すぐ使える！

男性育休の対応と実務

―令和3年改正育児・介護休業法対応―

ヒューマンテック経営研究所
特定社会保険労務士
キャリアコンサルタント

島 麻衣子 著

第一法規

はじめに

　育児休業制度は1992年４月１日に「育児休業法（正式名称　育児休業等に関する法律）」の施行により、初めて企業に義務付けられました。今の「育児・介護休業法（正式名称　育児休業、介護休業等育児又は家族介護を行う労働者の福祉に関する法律）」となったのは、その３年後のことです。その後、法制定から約30年が経過し、多くの改正が重ねられる中で、育児休業を取得する女性は徐々に増えてきています。制定当初は結婚や妊娠をした女性は退職することがほとんどでしたが、現在では女性の育児休業取得率は８割に上り、育児休業制度は一定程度定着したといえるでしょう。その一方で、男性の育児休業取得率は１割強と未だに低い水準にとどまっています。

　これらのことを踏まえ、2021年に、取得率の低い男性の育児休業取得促進のため、育児・介護休業法の大幅な改正が行われました。今回の改正では、新しい制度である出生時育児休業（産後パパ育休）が創設されるなど、人事労務の実務に大きな影響があります。

　本書では、今後新たな対応が必須となる「男性の育児休業」を中心に、改正法施行後に実務がどう変わるのか、できる限り具体的に記載することに努めました。第１章では制度の基本解説と2021年改正の内容、第２章では企業の実務対応、第３章では育児・介護休業規程等の改定や社内様式の変更・各種社会保険の手続き、第４章では企業の取組事例を取り上げています。必要なところからお読みいただき、改正法施行に向けた対応と施行後の実務に役立てていただければと思います。

2022年３月31日
ヒューマンテック経営研究所
特定社会保険労務士　キャリアコンサルタント　島　麻衣子

本書は、2022年３月30日時点で公表された情報を基に
編集しています。

目次

第4節 ｜ 休業期間中の社会保険の手続き

第5節｜職場復帰後

第3章 各種手続き

第1節｜育児・介護休業規程

第2節 | 社内様式

第3節 | 労使協定

第4節 | 社会保険手続き

第4章 男性育休促進企業の事例

■凡例

略語	法令等の名称
育児・介護休業法、育介法	育児休業、介護休業等育児又は家族介護を行う労働者の福祉に関する法律（平成3年法律第76号）
育児・介護休業法施行規則、育介則	育児休業、介護休業等育児又は家族介護を行う労働者の福祉に関する法律施行規則（平成3年労働省令第25号）
育介指針	子の養育又は家族の介護を行い、又は行うこととなる労働者の職業生活と家庭生活との両立が図られるようにするために事業主が講ずべき措置等に関する指針（平成21年厚生労働省告示第509号）
育介施行通達	「育児休業、介護休業等育児又は家族介護を行う労働者の福祉に関する法律の施行について」の一部改正について（平成28年8月2日職発0802第1号・雇児発0802第3号）

第 1 章

育児・介護休業法の概要と改正解説

改正でいつから何が変わる？
法律の基本と改正内容を理解しよう

1 育児・介護休業法とは

　育児休業は原則として1歳に満たない子を育てる男女労働者が取得できる休業です。この育児休業のほか、要介護の家族を介護するための介護休業、その他育児および介護のための諸制度とそのルールについて定めた法律が「育児・介護休業法（育児休業、介護休業等育児又は家族介護を行う労働者の福祉に関する法律）」です。育児・介護休業法はここ数年改正が続いていますが、2021年にも大きな改正がありました。改正法の内容については後述することとして、まず、育児・介護休業法に定める育児休業制度の基本的な内容を見ていきましょう。

2 育児休業制度に関する基礎知識

　育児休業制度は、子を養育する男女労働者が取得できる休業です。以下、詳しく見ていきましょう。

⑴育児休業の対象労働者【育介法5条1項】

①原則的な対象労働者

　育児休業の対象労働者は、原則として1歳に満たない子を育てるすべての労働者（日々雇用される者を除きます）です。対象労働者から育児休業の申出があった場合、原則として事業主は拒否することはできません。ただし、契約社員等の有期雇用労働者は、「養育する子が1歳6か月に達する日までに、その労働契約が満了することが明らか

でない者」に限ります※1。

※1　改正法により、「事業主に引き続き雇用された期間が1年以上」の要件は廃止されました（2022年4月1日施行済。詳細は「2021（令和3）年改正のポイント（15ページ）」参照。）

②労使協定により対象外とすることが可能な労働者【育介法6条1項、育介則8条】

①で見たように、育児休業は一部の有期雇用労働者等を除くすべての労働者を対象としていますが、労使協定（労働者の過半数で組織する労働組合があるときは労働組合、そのような労働組合がないときは労働者の過半数を代表する者との書面による協定。以下同じ）を締結することにより、以下の労働者を対象外とすることが可能です。

- 事業主に引き続き雇用された期間が1年未満の者
- 育児休業の申出があった日から起算して1年（子が1歳～1歳6か月の休業、1歳6か月～2歳の休業（後述6ページ参照）に関する申出の場合は6か月）以内に雇用関係が終了することが明らかな者
- 週の所定労働日数が2日以下の者

(2)休業の対象となる「子」【育介法2条、育介則1条】

育児休業は、原則として1歳に満たない子を養育する労働者が取得できます。ここでいう「子」とは、実子のほか、養子等を含みます。具体的には次のとおりです。

- 労働者と法律上の親子関係がある子（実子、養子）
- 特別養子縁組前の6か月以上の監護期間中の子
- 養子縁組里親に委託されている子
- 本来は「養子縁組里親」として委託すべきであるが、実親等の反対により養子縁組里親として委託できず、「養育里親」として委託されている子

⑶休業期間

①原則的な休業期間【育介法５条１項】

　育児休業の期間は、原則として子が出生した日から１歳に達する日（誕生日の前日）までの間で労働者が申し出た期間です。ただし、出産した女性の場合は子の出生から原則として８週間は労働基準法の定めにより産後休業を取得しますので、育児休業開始日はおのずと産後休業が終了する日の翌日以降となります。

　育児休業の原則的な休業期間は子が１歳に達する日までですが、一定の要件を満たす場合は、以下の②～③のとおり特例や延長が適用され、１歳に達する日を超えて休業することが可能です。

②両親ともに育児休業をする場合の特例（パパ・ママ育休プラス）【育介法９条の２】

　両親ともに育児休業をする場合で、一定の要件を満たすときは、特例として育児休業を子が１歳２か月に達する日まで取得することが可能です（以下「パパ・ママ育休プラス」といいます）。両親ともに育児休業をすることにより、通常の育児休業より休業の対象となる期間が２か月延長されるわけです。ただし、両親それぞれが休業を取得できる期間は、通常の育児休業と同様、１年間（365日または366日）までです。なお、出産した女性の場合、この１年間には産後休業の期間を含みます。

　パパ・ママ育休プラスの特例は、次の３つのいずれにも該当する場合に適用されます。

- ・労働者本人の配偶者が、子の１歳に達する日（誕生日の前日）以前において育児休業をしていること
- ・労働者本人の育児休業開始予定日が子の１歳の誕生日以前であること
- ・労働者本人の育児休業開始予定日が、配偶者がしている育児休業

の初日以降であること

実際に特例が適用される例を見てみましょう。

■図表1　例1　両親が1歳の時点で交代して休業を取得

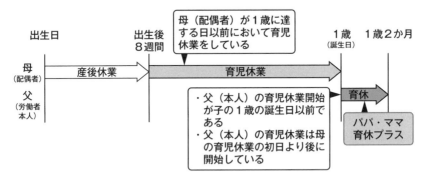

■図表2　例2　両親が休業期間を重複して取得

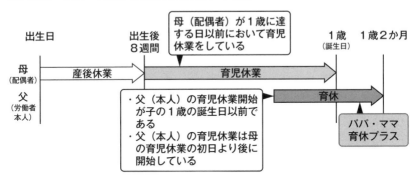

　なお、以下のようなケースは、3つの要件を満たさないため、パパ・ママ育休プラスは適用されません。

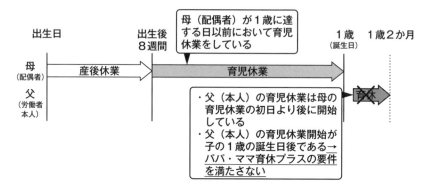

■図表3　例3　パパ・ママ育休プラスが適用されない例

⑷休業期間の延長【育介法5条3項・4項、育介則6条、6条の2】

　これまで見てきたように、育児休業の期間は原則として子が1歳に達する日（誕生日の前日）まで、パパ・ママ育休プラスの特例が適用される場合は子が1歳2か月に達する日までとされていますが、子が1歳に達しても保育園に入れない等の事情がある場合は1歳（パパ・ママ育休プラスの場合は1歳2か月。以下同じ）から1歳6か月まで、1歳6か月の時点でも事情が解消しないときは、さらに1歳6か月から2歳まで休業期間の延長が可能です。1歳到達日後の休業の要件等は、法改正により、2022年10月1日以降、取得要件の緩和や休業開始日の柔軟化が予定されています。詳細は「2021（令和3）年改正のポイント（15ページ）」で解説します。

⑸休業期間の変更（繰上げ、繰下げ）
①休業開始予定日の繰上げ【育介法7条1項、育介則10条】

　労働者は、1歳までの育児休業の申出をした後に、出産予定日前に子が出生するなどの一定の事由が生じた場合、申出当初の開始予定日を1回に限り開始予定日より前の日に変更（繰上げ）することが可能

です。この場合の一定の事由とは、次のとおりです。

- ・出産予定日前に子が出生したこと
- ・配偶者の死亡
- ・配偶者が負傷または疾病により子を養育することが困難になったこと
- ・配偶者が子と同居しなくなったこと
- ・育児休業の申出にかかる子が負傷、疾病、身体上・精神上の障害により、2週間以上世話を必要とする状態になったこと
- ・育児休業の申出にかかる子について、保育所等に申込みを行っているが、当面保育の利用ができないこと

②休業終了予定日の繰下げ【育介法7条3項】

育児休業の申出をした労働者は、当初の申出時に育児休業終了予定日とした日について、理由を問わず、1回に限り終了予定日より後の日に変更（繰下げ）することが可能です。なお、この終了予定日の繰下げは、1歳までの育児休業、1歳～1歳6か月の育児休業、1歳6か月～2歳の育児休業について、それぞれの期間内に1回ずつ繰り下げることが可能です。

③休業開始予定日の繰下げと休業終了予定日の繰上げ

育児・介護休業法では、「休業開始予定日の繰下げ」と「休業終了予定日の繰上げ」についての定めはありません。したがって、これらについて労働者が希望したとしても、必ずしも認める必要はありませんが、男女とも育児休業を柔軟に取得する観点から、企業の実情に応じてこれらを認める制度を設けることは望ましい措置といえます。

⑹申出の撤回等【育介法8条、育介則19条、20条】

①育児休業申出の撤回

育児休業の申出をした労働者は、開始予定日の前日までは、育児休

業の申出を撤回することができます。育児休業の申出を撤回した場合は、下記の特別な事情がある場合を除き、撤回した申出にかかる子について、再度の育児休業の申出をすることはできません。

・配偶者が死亡したこと
・配偶者が負傷、疾病、身体上・精神上の障害により、子を養育することが困難となったこと
・婚姻の解消その他の事情により配偶者が子と同居しないこととなったこと
・育児休業の申出にかかる子が負傷、疾病、身体上・精神上の障害により、２週間以上世話を必要とする状態になったこと
・育児休業の申出にかかる子について、保育所等に申込みを行っているが、当面保育の利用ができないこと

　また、１歳までの育児休業の申出と、１歳〜１歳６か月の育児休業の申出、１歳６か月〜２歳の育児休業の申出は別個の育児休業として扱われますので、１歳までの育児休業申出を撤回した後に、１歳〜１歳６か月の育児休業を取得することや、１歳〜１歳６か月の育児休業の申出を撤回した後に、１歳６か月〜２歳の育児休業を取得することは可能です。

　なお、育児休業申出の撤回については、法改正により育児休業が分割して取得できるようになることに伴い、2022年10月１日以降、一部ルールが変更になります。この点については「2021（令和３）年改正のポイント（15ページ）」で解説します。

②申出がされなかったものとみなされる場合【育介法８条３項、育介則20条】

　育児休業の申出後、休業開始予定日とされた日の前日までに子を養育しないこととなる以下の事由が生じた場合は、育児休業の申出自体がされなかったものとみなされます。

・子の死亡

・養子である子の離縁または養子縁組の取消し

・子が他人の養子となったこと等の事情により、同居しないこととなったこと

・特別養子縁組の不成立、養子縁組里親への委託の措置の解除

・労働者が負傷、疾病、身体上・精神上の障害により１歳（休業期間の延長の場合は１歳６か月または２歳）に達するまでの間、子を養育することができない状態になったこと

・パパ・ママ育休プラスにより子が１歳に達する日の翌日（誕生日）以降育児休業をする場合に、労働者の配偶者が育児休業をしていないこと

⑺休業の終了【育介法９条２項、育介則20条、21条】

　育児休業は、以下の場合には、労働者の意思にかかわらず終了します。

・子を養育しないこととなった次のいずれかの事由が生じたとき
　→事情が生じた日に終了

　ⓐ　子の死亡

　ⓑ　養子である子の離縁または養子縁組の取消し

　ⓒ　子が他人の養子となったこと等の事情により、同居しないこととなったこと

　ⓓ　特別養子縁組の不成立、養子縁組里親への委託の措置の解除

　ⓔ　労働者が負傷、疾病、身体上・精神上の障害により１歳（休業期間の延長の場合は１歳６か月または２歳）に達するまでの間、子を養育することができない状態になったこと

・子が１歳（休業期間の延長の場合は１歳６か月または２歳）に達したとき

→１歳（１歳６か月または２歳）に達した日で終了

・育児休業期間中に新たな産前産後休業、介護休業、育児休業が始まったとき

→新たな産前産後休業等が始まった日の前日で終了

⑻休業の回数　【育介法５条２項、育介則５条】

　子が１歳に達するまでの育児休業の取得は、原則として子１人につき１回のみとされていますが、配偶者の負傷、疾病、死亡等の特別な事情がある場合は、再度取得することができます。この休業の回数についても、法改正により、2022年10月１日以降、分割して２回まで取得することが可能とされます。詳細は「2021（令和３）年改正のポイント（15ページ）」で解説します。

⑼申出期限等

①１歳までの育児休業の申出期限等【育介法６条３項、育介則12条】

　労働者が育児休業を希望どおりの時期から取得するためには、開始しようとする日の１か月前までに事業主に申し出る必要があります。申出がこれより遅れた場合、事業主は、労働者が申し出た開始予定日から「育児休業の申出があった日の翌日から起算して１か月を経過する日（申出日の翌月の応当日＝同じ日付の日。応当日がない場合はその月の末日）」までの間で、休業開始日を指定することができます。

　申出が遅れたことにより事業主が育児休業を開始する日を指定するときは、原則として申出のあった日の翌日から３日を経過する日までに、指定する日を労働者に通知する必要があります。なお、事業主が指定する休業開始予定日が「３日を経過する日」より前の日となるときは、休業開始予定日までに通知をします。

②育児休業の延長の申出期限等【育介法６条３項、育介則12条】

　育児休業の延長については、１歳〜１歳６か月の休業および１歳６か月から２歳の休業のいずれも２週間前までに申出をする必要があります。申出がこれより遅れた場合「育児休業の申出があった日の翌日から起算して２週間を経過する日（申出日の２週間後の応当日＝曜日が同じ日）」までの間で、休業を開始する日を指定することができます。事業主が休業開始日を指定する場合は、①と同様、申出のあった日の翌日から３日を経過する日までに労働者への通知が必要です。

③特別な事情がある場合の申出期限等【育介法６条３項、育介則10条、11条】

　出産予定日前に子が出生したこと等、早急に育児休業をすることが必要な特別な事情がある場合は、①、②にかかわらず、１週間前までに申し出ればよいこととされています。申出がこれより遅れた場合、事業主は「育児休業の申出があった日の翌日から起算して１週間を経過する日（申出日の翌週の応当日＝曜日が同じ日）」までの間で、休業を開始する日を指定することができます。事業主が休業開始日を指定する場合は、①、②と同様、申出のあった日の翌日から３日を経過する日までに労働者への通知が必要です。早急に育児休業をすることが必要な特別な事情は、「休業開始予定日の繰上げができる事情」（(5)①、６ページ参照）と同じです。

④休業開始予定日の繰上げの申出期限【育介法７条２項、育介則14条】

　休業開始予定日を繰り上げる場合、労働者は原則として１週間前までに変更を申し出る必要があります。申出がこれより遅れた場合、事業主は「変更の申出があった日の翌日から起算して１週間を経過する日（申出日の翌週の応当日＝曜日が同じ日）」までの間で、休業を開始する日を指定することができます。ただし、「１週間を経過する日」

が当初の育児休業の申出の日より後であるときは、当初の育児休業申出の日までの間で指定することになります。

⑤休業終了予定日の繰下げの申出期限【育介法7条3項、育介則16条】

休業終了予定日を繰り下げる場合、1歳までの育児休業は1か月前まで、1歳〜1歳6か月の休業および1歳6か月〜2歳の休業は2週間前までに申し出る必要があります。申出がこれより遅れた場合、法律上、事業主は必ずしも休業終了予定日の繰下げに応じる必要はありません。この点は休業開始予定日の繰上げとは取扱いが異なるので留意が必要です。もちろん、期限を過ぎても繰下げを認めるとすることは差し支えありません。

⑥申出の撤回【育介法8条1項・2項】

育児休業の申出をした労働者が、その申出を撤回する場合は、開始予定日の前日までに申し出ることとされています。

コラム

「起算して」「経過する日」の意味

育児・介護休業法では、申出等に関する期限に「起算して」や「経過する日」という言葉が用いられています。申出期限等を正確に把握するために、これらの言葉の意味を確認しておきましょう。たとえば、「月曜日から起算して1週間を経過する日」という場合、「起算して」とは月曜日を初日とするという意味です。また、「1週間を経過する日」とは、1週間が満了する日です。月曜日から始まる場合、1週間が満了する日は日曜日ですから、「経過する日」は日曜日ということになります。

では、育児休業の申出が遅れた場合に、事業主が休業開始日を指定する範囲（申出があった日の翌日から起算して1か月を経過する日ま

で）について、具体的な例を挙げてみましょう。申出があった日が5月9日だとすると、その翌日が起算日ですから、10日を初日として1か月が満了する日、すなわち6月9日が「1か月を経過する日」です。5月9日に申出があった場合は、事業主は6月9日までの間で開始日を指定できるわけです。

3 「男性の育児休業」の現状について

これまで育児休業制度の基礎知識について見てきました。ここで、この本のテーマでもある「男性の育児休業」の現状について見ておきましょう。

育児休業は男女ともに取得できる休業ですが、厚生労働省「令和2年度雇用均等基本調査」によれば、男性の育児休業取得率は12.65％と、近年上昇傾向にあるものの、女性の育児休業の取得率（81.6％）に比べて著しく低い水準にとどまっています。

男性が育児休業を利用しない理由について、調査[2]では、「収入を減らしたくなかったから」が41.4％、「職場が育児休業制度を取得しづらい雰囲気だったから、または会社や上司、職場の育児休業取得への理解がなかったから」27.3％となっており、収入減少の不安や理解のない職場の雰囲気が取得の障害となっていることがわかります。

一方、同調査によれば、育児休業を取得しなかったものの、利用したかったと回答した割合は22.4％と、男性にも一定の育児休業のニーズがあることがわかります。

このような状況を受け、政府は少子化対策の重点事項として男性の育児休業の取得促進を掲げ、それが2021年の育児・介護休業法改正へとつながっていきました。それでは次の2で改正の具体的な内容を見ていきましょう。

※2　厚生労働省委託事業「令和2年度　仕事と育児等の両立に関する実態把握のための調査研究事業　仕事と育児等の両立支援に関するアンケート調査報告書＜労働者調査＞」（株式会社　日本能率協会総合研究所）より

第2節　2021（令和3）年改正のポイント

1 法改正の背景

　厚生労働省「令和2年（2020）人口動態統計月報年計（概数）」によると、2020年の出生数は840,832人と過去最少を記録するなど、近年日本の少子化の進行は深刻さを増しています。このような状況を受け、政府は2020年5月に「少子化社会対策大綱」を閣議決定し、様々な施策の内容とともに各施策に関する数値目標を定めました。この「少子化社会対策大綱」に重点課題の1つとして掲げられた事項が「男性の育児休業」の取得促進です。「「男性の育児休業」の現状について（13ページ）」で述べたとおり、男性の育児休業取得率は2020年度で12.65％と低い水準にとどまっています。前掲大綱では、この男性の育児休業取得率について「2025年に30％」とすることを目標としています。この数値目標の達成に向け、男性の育児休業の取得促進策について労働政策審議会雇用環境・均等分科会において検討が重ねられ、今回の育児・介護休業法等の改正に至ったのです。

2 改正法の概要

　「育児休業、介護休業等育児又は家族介護を行う労働者の福祉に関する法律及び雇用保険法の一部を改正する法律」（以下「改正法」といいます）は、2021年の第204回国会で可決・成立し、6月9日に公布されました。今回の改正には、育児・介護休業法の改正のほか、雇用保険法の改正も含まれます。主な改正事項と施行時期は、次の図表

15

のとおりです。

■図表4　育児・介護休業法等の改正概要と施行時期

法律	改正内容		施行時期
育児・介護休業法の改正	育児休業等の周知等に関する見直し	妊娠・出産等の申出をした労働者に対する個別周知・意向確認の措置の義務付け	2022年4月1日〈施行済〉
		育児休業を取得しやすい雇用環境整備の義務付け	
	育児休業の見直し	有期雇用労働者の育児・介護休業取得要件の緩和	2022年4月1日〈施行済〉
		育児休業の申出方法等の見直し（省令改正事項）	
		育児休業の分割取得	2022年10月1日
		育児休業の撤回ルールの見直し	
		1歳到達日後の育児休業の見直し	
	出生時育児休業の創設		
	1,000人超の企業に育児休業の取得状況の公表の義務付け		2023年4月1日
雇用保険法の改正	育児休業給付金のみなし被保険者期間の特例		2021年9月1日〈施行済〉
	育児休業給付の改正		2022年10月1日

3 改正内容と施行時期

　ここからは、改正法の内容について、具体的に見ていきましょう。

⑴妊娠・出産等の申出をした労働者に対する個別周知・意向確認の措置の義務付け【改正育介法21条】
施行日：2022年4月1日（施行済）

改正前
労働者本人またはその配偶者が妊娠・出産したこと等を知ったと

16

きに育児休業制度等を個別に周知する努力義務

> **改正後**
> 労働者本人または配偶者の妊娠・出産等について**労働者からの申出**があった場合に育児休業制度等の**個別周知・意向確認**の措置を**義務付け**

　改正前の育児・介護休業法では、労働者本人またはその配偶者が妊娠・出産したこと等を知ったときに育児休業等に関する定めを個別に周知することが事業主の「努力義務」とされていました。

　改正後は、育児休業等の取得促進の観点から、労働者本人または配偶者の妊娠・出産等について労働者から申出があったときは、当該労働者に対して育児休業に関する制度等について知らせる（個別周知）とともに、育児休業等の取得の意向を確認するための面談等の措置（意向確認）を講じることが事業主に義務付けられました。また、この妊娠・出産等の申出をしたことを理由とした解雇その他不利益な取扱いを禁止する旨もあわせて定められました。

　なお、今回の改正に伴う育児休業等の制度の個別周知および意向確認以外の制度（育児休業、介護休業中の待遇や労働条件に関する事項等）の周知の努力義務（改正前育介法21条→改正後育介法21条の2）については、改正後も変更はありません。

⑵育児休業を取得しやすい雇用環境整備の義務付け【改正育介法22条、改正育介則71条の2】

施行日：2022年4月1日（施行済）

改正前

雇用環境整備に関する事業主の義務なし

改正後

以下のいずれかの措置の実施を事業主に義務付け

①育児休業にかかる**研修の実施**

②育児休業に関する**相談体制の整備**（相談窓口の設置等）

③雇用する労働者の育児休業の取得に関する**事例の収集**および当該**事例の提供**

④雇用する労働者に対する育児休業に関する**制度**および育児休業の**取得の促進に関する方針の周知**

　事業主が講ずべき措置として新たに定められた事項です。育児休業を取得しやすい職場環境を整備し、育児休業の申出が円滑に行われるようにするため、上記の措置のいずれかを講じることが事業主に義務付けられました。なお、改正育介指針では、「可能な限り、複数の措置を行うことが望ましい」としています。

⑶有期雇用労働者の育児休業および介護休業取得要件の緩和【改正育介法5条1項、11条1項】
施行日：2022年4月1日（施行済）

<u>改正前</u>
〈有期雇用労働者の育児休業および介護休業の取得要件〉
以下の①、②いずれにも該当する者
①事業主に引き続き雇用された期間が1年以上の者
②養育する子が1歳6か月に達する日まで（介護休業の場合は「介護休業開始予定日から起算して93日を経過する日から6か月を経過する日まで」）に、労働契約が満了することが明らかでない者

<u>改正後</u>
改正前の①「事業主に引き続き雇用された期間が1年以上の者」の要件を廃止。改正前の②の要件のみとなる。

　今回の改正に伴い、子が1歳～1歳6か月の育児休業と、1歳6か月～2歳の育児休業の延長についても「事業主に引き続き雇用された期間が1年以上」の要件は廃止されました。

　なお、改正前の育児・介護休業法では、期間雇用か無期雇用かにかかわらず、労使協定の締結により、引き続き雇用された期間が1年未満の者を育児休業の対象外とすることが可能であり、この点については改正後も変更はありません。したがって、改正後も、労使協定を締結することにより、雇用された期間が1年未満の者を引き続き対象外とすることは可能です。

⑷育児休業の申出方法等の見直し【改正育介則７条２項・５項等】
施行日：2022年４月１日（施行済）

> **改正前**
> 労働者の育児休業の申出方法および事業主の取扱いに関する通知の方法（②、③による労働者の申出については事業主が適切と認める場合、事業主の通知については労働者が希望する場合に限る）
> ①書面
> ②ファックス
> ③電子メール等（LINE等のSNSメッセージ機能の利用は含まれない）

▼

> **改正後**
> ③の電子メール等について、**SNSメッセージ機能（LINEやFacebook等）の利用も可能**

　「電子メール等の方法」について、事業主が適当と認めた場合は、LINE等で育児休業の申出をすること等が可能とされました（改正育介施行通達）。ただし、プリンター等に接続して書面を作成できるものに限られる点についてはこれまでと変更がありません。

　なお、介護休業の申出および通知、育児および家族の介護における所定外労働の制限、時間外労働の制限、深夜業の制限の請求についても上記のとおり変更されました。

⑸育児休業の分割取得【改正育介法5条2項、改正育介則5条】
　施行日：2022年10月1日

> **改正前**
> 子が1歳までの育児休業の申出は、原則として1子につき1回限り。
> （特別な事情がある場合のみ、再度の育児休業申出が可能。）

> **改正後**
> 理由を問わず**2回**まで**分割**して取得することが可能。
> （3回目の申出は特別な事情がある場合のみ）

　夫婦で交代して取得する等、育児休業を柔軟に取得できるよう、育児休業は理由を問わず2回まで分割して取得することが可能となり、3回目の取得については、現行法と同様、配偶者の負傷、疾病、死亡等の特別な事情がある場合のみ可能とされます（図表5）。

　なお、子の出生後8週間以内に取得した休業を1回の申出とカウントしない、いわゆる「パパ休暇」の制度については、後述の「出生時育児休業」の創設に伴い、廃止されます。

■図表5　育児休業の分割取得

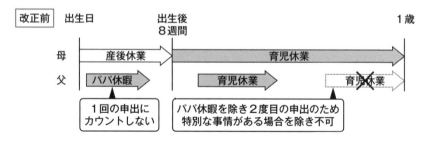

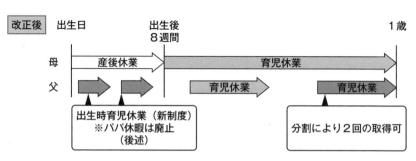

⑹育児休業の撤回のルールの見直し【改正育介法8条2項・3項】
施行日：2022年10月1日

改正前
育児休業の申出を撤回した場合、撤回した申出にかかる子については再度の申出はできない（特別な事情がある場合を除く）。

改正後
申出を撤回した場合、その申出にかかる**育児休業（1回目または2回目）をしたものとみなされる。**

　育児休業が分割して2回まで取得できることとなったことに伴い、

撤回する場合のルールも変わります。改正前は、育児休業の申出を撤回した場合、撤回した申出にかかる子については、特別な事情がある場合でなければ再度の申出はできませんでした。改正後は、子が1歳に達するまでの育児休業の申出を撤回した場合、その申出にかかる育児休業をしたものとみなされます。たとえば、1回目の申出を撤回した場合、育児休業は2回取得ができることから、1回目については取得したものとみなされ再度の申出はできませんが、残り1回は申出ができます。

　なお、1歳到達日後の育児休業（1歳〜1歳6か月、1歳6か月〜2歳の休業）の申出を撤回したときは、従来どおり特別な事情がある場合を除き再度の申出ができない点については、変更ありません。

⑺ 1歳到達日後の育児休業の見直し【改正育介法5条3項・4項・6項、改正育介則5条、5条の2】

施行日：2022年10月1日

改正前

①子が1歳到達日後の育児休業（1歳〜1歳6か月、1歳6か月〜2歳の休業）について、取得できる回数についての定めなし。

②休業終了後に特別な事情（例：第2子の産前産後休業が始まったために育児休業が終了した場合で、その後当該第2子が死亡する等）が生じた場合の再度の申出についての明確な定めなし。

③1歳到達日後の休業の開始日について、1歳〜1歳6か月の育児休業は子が1歳に達した日の翌日、1歳6か月〜2歳の育児休業は子が1歳6か月に達した日の翌日に限定。

▼

> 改正後
> ①子が1歳到達日後の育児休業の取得回数は**原則として1回**。
> ②省令で定める**特別な事情**が生じたときは、**再度の申出が可能**。
> ③原則の開始日（子の1歳または1歳6か月到達日の翌日）のほか、配偶者が育児休業をしている場合は、**「配偶者の育児休業終了予定日の翌日以前の日」**を開始予定日とすることが可能。

　1歳到達日後の休業については、これまで取得の回数や再度の申出について明確な定めがなかったため、今回の改正で取得できる回数を原則として1回と定めるとともに、省令で定める特別な事情が生じた場合は再度の申出ができることとされました。この「特別な事情が生じた場合」とは、次の①〜③に該当した場合をいいます。

①新たな産前産後休業期間が始まったことにより育児休業が終了した場合で、産前産後休業にかかる子が次のいずれかに該当したとき

　　・死亡したこと

　　・子が他人の養子となったこと等の事情により、同居しないこととなったこと

②新たな育児休業期間または出生時育児休業期間が始まったことにより育児休業が終了した場合で、新たな育児休業にかかる子が次のいずれかに該当したとき

　　・死亡したこと

　　・子が他人の養子となったこと等の事情により、同居しないこととなったこと

　　・特別養子縁組の不成立、養子縁組里親への委託の措置の解除

③新たな介護休業期間が始まったことにより育児休業が終了した場合

で、対象家族が死亡したときまたは離婚、婚姻の取消し、離縁等により介護休業の対象家族との親族関係が消滅したとき

　また、改正前は、休業開始予定日は１歳〜１歳６か月の休業については「子が１歳に達した日の翌日」、１歳６か月〜２歳の休業については「子が１歳６か月に達した日の翌日」に限定されていたため、夫婦交代で育児休業を取得する場合にも交代できる時期が限定されてしまうという問題がありました。改正後は、期間の途中でもそれぞれの仕事の都合で交代時期を決めるなど、柔軟に休業開始日を設定することが可能となります（図表６）。

■図表６　１歳到達日後の育児休業の開始日の柔軟化

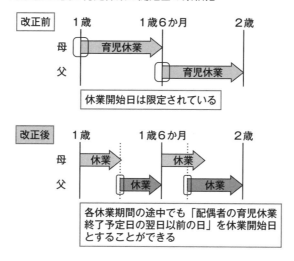

⑻出生時育児休業の創設【改正育介法９条の２〜９条の５、10条】

施行日：2022年10月１日

<u>改正前</u>

①子の出生直後の時期に限定した育児休業の制度なし

②子の出生後８週間以内に取得する休業は育児休業の申出の回数
としてカウントしない制度（いわゆる「パパ休暇」）あり。

▼

<u>改正後</u>

①「**出生時育児休業（産後パパ育休）**」の制度を新設。

- **子の出生後８週間以内の期間**内に、**４週間（28日間）**まで
休業可

- 対象期間内に事由を問わず**分割して２回まで**取得可能

- 申出は開始予定日の**２週間前**までに行う。ただし**労使協定を
締結**し、一定の措置を講じた場合は**２週間超１か月以内の期
間**を申出の期限とすることが可能。

- 休業中は、**労使協定の締結**を前提として、一定範囲内の**就業
が可能**。

- 出生時育児休業の申出をしたこと、休業中に就業を希望する
旨の申出をしなかったことまたは申出が事業主の意に反する
内容であったこと等を理由とする**不利益な取扱いは禁止**。

- 原則としてすべての労働者が対象。ただし、**有期雇用労働者**
については、「子の出生の日（出産予定日前に出生した場合
は出産予定日）から起算して**８週間**を経過する日の翌日から
６か月を経過する日までに労働契約が満了することが明らか
でない者」に限る。また、**労使協定の締結**により、雇用され

> た期間が１年未満の者等、**一部の労働者を対象外**とすること
> が可能。
> ②出生時育児休業の創設に伴い、パパ休暇は廃止。

　今回の改正で、男性の育児休業取得促進のために新しく創設された
制度です。子の出生後８週間は女性が産後休業を取得している時期で
あるため、出生時育児休業は、主に男性が取得する休業ということに
なります（養子等の場合は女性が取得する場合もあります）。

　改正前においても、子の出生後８週間以内に取得した休業を１回の
申出とカウントせず、再度の休業の申出ができる「パパ休暇」の制度
がありましたが、制度利用が進んでいないため同制度を廃止し、より
男性が育児休業を取得しやすくするための新しい制度として創設され
ました。

　出生時育児休業と１歳までの育児休業との大きな違いは、申出の期
限と就業の可否です。申出の期限については原則として２週間前まで
とされていますが、その期限では実務運用上支障を来す場合、労使協
定を締結して雇用環境整備の措置等を講じることにより、申出期限を
最大１か月以内の期間とすることが可能です。

　一方、就業については、基本的に育児休業中の定期的な就業は想定
されておらず、あくまで臨時的・一時的な就労のみ認められています
が、出生時育児休業中は、労使協定を締結することにより、以下の範
囲内で就業を認めることとされています。

・就業日数：出生時育児休業期間の所定労働日数の1/2以下
　　　　　　（１日未満の端数は切り捨てる）
・労働時間：出生時育児休業期間における所定労働時間の合計の
　　　　　　1/2以下
・その他　：開始予定日または終了予定日を就業日とする場合、労

働時間がその日の所定労働時間に満たない時間

⑼育児休業の取得状況の公表の義務付け【改正育介法22条の2、改正育介則71条の3、71条の4】
施行日：2023年4月1日

改正前

育児休業の取得率等の公表義務なし

改正後

常時雇用する労働者の数が**1,001人以上の事業主**に対して、男性の育児休業の取得状況を公表することを義務付け。

①公表する内容（以下のいずれか）

　・男性の**育児休業取得率**

　・男性の**育児休業**および**育児目的休暇**の取得率

②公表の頻度

　毎年少なくとも1回

③公表の方法

　自社のホームページ、厚生労働省ウェブサイト「両立支援のひろば」への掲載等（改正育介施行通達）

　育児休業の取得に向けた積極的な取組みを進めていくという社会的な機運を醸成するため、常時雇用する労働者が1,001人以上の大企業に対し、男性の育児休業の取得率等を公表することが義務付けられます。

⑽育児休業給付金のみなし被保険者期間の特例【改正雇用保険法61条の7第3項（2022年10月1日以降は第4項）】
施行日：2021年9月1日（施行済）

<u>改正前</u>

〈雇用保険の育児休業給付金の受給要件〉

育児休業開始日を起算点としてその日前2年間に賃金支払基礎日数が11日以上ある月（みなし被保険者期間）が12か月以上あること

▼

<u>改正後</u>

みなし被保険者期間が雇用保険の育児休業給付の受給要件を満たさない場合、**<u>産前休業開始日を起算点</u>**とすればみなし被保険者期間が12か月以上となる場合は、受給要件を満たす。

　今回の改正では、育児休業制度の改正に伴い、関連する雇用保険の育児休業給付についても見直しが行われました。

　改正前の雇用保険の育児休業給付金は、入社後の雇用期間が1年程度と短い場合等に、育児休業開始日を起算点として計算するとみなし被保険者期間が足りず、育児休業給付金の受給要件を満たさないケースが生じることがありました。改正後は、みなし被保険者期間が受給要件を満たさない場合に、起算点を産前休業開始日とすることで受給要件を満たすことができるようにする特例が設けられました（図表7）。

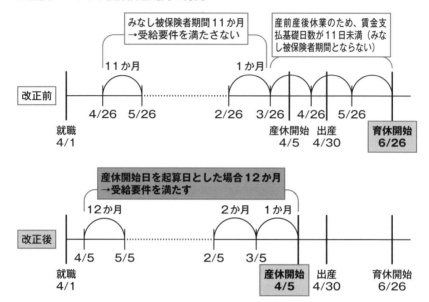

⑾育児休業給付の改正【改正雇用保険法61条の7、61条の8、改正
　雇用保険法施行規則101条の29、101条の29の2】

　施行日：2022年10月1日

改正前

①育児休業給付金の支給回数は原則として1回のみ

②その他の給付金の定めなし

改正後

①育児休業を分割して取得する場合、**2回まで支給**される。

②出生時育児休業制度の創設に伴い、新たに「**出生時育児休業給
　付金**」が育児休業給付の1つとして追加される。

　育児休業の分割取得や出生時育児休業制度の創設に伴う改正事項です。

　育児休業給付金は、育児休業が分割して取得できることとなったことに伴い2回まで支給されるようになります。3回目は原則として支給されませんが、省令で定める「例外的な事由」（配偶者の死亡・負傷・疾病や、新たな産前産後休業等が開始したことにより育児休業が終了した場合で産前産後休業等にかかる子が死亡した場合等）により育児休業を取得した場合は3回目についても支給されます。

　出生時育児休業給付金は、出生時育児休業を取得した場合に受けられる給付金です。支給要件は育児休業給付金と同じで、支給額は以下のとおりです。

休業開始時賃金日額×支給日数×支給率67%

　なお、育児休業給付金の支給率は育児休業開始から180日に達するまでは出生時育児休業給付金と同じ（181日目以降は50%）ですが、出生時育児休業給付金を受けた場合は、その日数も通算して180日までが67%とされます。

4 関連する法改正（健康保険法、厚生年金保険法）

　育児・介護休業法の改正に関連する改正として、健康保険法および厚生年金保険法の改正による「育児休業中の保険料の免除要件の見直し」があります。育児休業の実務に非常に大きな影響がある重要な改正ですので、内容を確認しておきましょう。

⑴育児休業中の保険料の免除要件の見直し【改正健康保険法159条、
　改正厚生年金保険法81条の2】
　施行日：2022年10月1日

<u>改正前</u>
〈育児休業を取得した場合の健康保険、厚生年金保険料の免除要件〉
月の末日の時点で育児休業をしている場合に、当該月の保険料が
免除される。

▼

<u>改正後</u>
①月末時点で育児休業を取得していることに加え、育児休業期間
　に月末を含まない場合でも <u>**14日（２週間）以上の休業**</u> につい
　て保険料が免除される。
②賞与の保険料については休業期間が <u>**１か月超**</u> の場合のみ免除と
　なる。

　育児休業中の健康保険、厚生年金保険の保険料免除は、現行法では
月の末日の時点で育児休業をしている場合に当該月の保険料が免除さ
れる仕組みとなっています。そのため、月末に１日でも育児休業を取
得していればその月の保険料（賞与保険料を含む）は免除される一方、
たとえば月中に20日間育児休業を取得したとしても、休業期間に月
の末日を含まない場合は免除の対象となりません。つまり、短期間の
育児休業の場合、月末時点で休業しているか否かで保険料が免除され
るか否かが変わってしまうという不公平が生じています。
　改正後は、給与の保険料について、月末時点で育児休業を取得して
いることに加え、育児休業期間に月末を含まない場合でも14日（２

週間）以上の休業については保険料が免除されます。また、賞与の保
険料については、育児休業の取得期間が1か月を超える場合に限り免
除することとされました。

第 2 章

実務対応

育休申出にも慌てない！
事前準備から復帰までをフォロー！

1 男性の育児休業、どんな準備が必要？

 10月から「男性育休」の制度がはじまります。うちの会社でも準備しておくことはありますか？

 もちろん。育児・介護休業規程の改定、労使協定の締結、社内様式の変更、そのほかにも…

 そんなにあるんですね…。すぐに準備をはじめないと…。

 そう。準備することを整理して、早めにスケジュールを組まないとね。

(1)「男性育休」の制度とは

　新聞や雑誌、ニュースサイト等で取り上げられている「男性育休」とは、育児・介護休業法の改正により新たに創設された「出生時育児休業」の制度を指します。育児・介護休業法の改正では、出生時育児休業のほかにも男性の育児休業の取得促進のため多くの改正がありました。これらの改正の一部はすでに2022年4月1日に施行されましたが、出生時育児休業やその他の育児休業の見直しに関する改正については2022年10月1日に施行されます(改正の概要については第1章参照)。

⑵改正法施行までの準備

　出生時育児休業等に関する改正法が施行される2022年10月1日までに企業は次の対応が必要です。社内で方針の検討が必要な事項もありますので、早めに準備を始めましょう。

①就業規則等の改定

　法律の改正により出生時育児休業のような新しい制度のほか、従来の育児休業等も制度内容が変わりますので、2022年10月1日の施行日までに就業規則または育児・介護休業規程等の改定が必要です（改定内容の詳細は第3章参照）。

②労使協定の締結

　出生時育児休業の制度について、以下に該当する場合は労使協定の締結が必要です。

　　ⓐ引き続き雇用された期間が1年未満の者等、省令で定める一部の労働者を出生時育児休業制度の対象外とする場合

　　ⓑ出生時育児休業の申出期限を法定の2週間より前の期間（2週間超1か月以内）とする場合

　　ⓒ出生時育児休業期間中に一定範囲内で就業を可能とする場合

　なお、労使協定の締結例を第3章に掲載していますので、参考にしてください。

③社内様式の整備

　育児休業の申出は、ⓐ書面、ⓑファックス、ⓒ電子メール等で行う（ⓑ、ⓒは事業主が適切と認める場合に限る）とされていますが、実務では、書面で行っている企業が多いと考えられます。新しく創設される出生時育児休業の申出や、出生時育児休業期間中の就業希望日の申出等も書面等で行うことが必要とされていますので、社内様式の整備が必要です。また、すでに使用している社内様式についても、育児休業の分割取得や1歳到達日後の育児休業の見直し、育児休業申出の

撤回ルールの変更に伴い、改正内容にあわせた改定が必要です（社内様式例は第3章参照）。

④個別周知文書の見直し

　育児・介護休業法の改正により、労働者本人または配偶者の妊娠・出産について申出があった場合、当該労働者に対して個別に制度を周知する制度が2022年4月1日に施行されました。この個別周知に文書を用いている場合、出生時育児休業制度や育児休業の分割取得の制度が施行される10月1日以降は、それらの改正を反映した文書とすることが必要です。なお、申出が10月より前に行われた場合であっても、子の出生が10月以降に見込まれるような場合には、出生時育児休業制度も含めて周知することが望ましいとされています。個別周知の文書の例は、厚生労働省ホームページ「育児・介護休業等に関する規則の規定例」の「07　参考様式」に掲載されています。

⑤**育児休業を取得しやすい職場環境づくり**

　女性の場合、妊娠や産前産後休業という長期に及ぶプロセスを踏むため育児休業の予定を把握することが容易ですが、男性は、1か月前（出生時育児休業の場合は原則として2週間前）までの申出により休業の取得が可能なため、引継ぎや代替人員の確保等、準備できる期間が女性に比べて短いといえます。制度整備にあたっては、業務を複数担当制にしたり、業務マニュアル書を整備する等、業務の属人化を防ぐ取組みを実施するとともに、労働者に早めに取得の申出に関する相談をしてもらえるよう、制度を周知して出生時育児休業制度や育児休業制度に対する職場理解を深め、育児休業申出をしやすい職場環境をつくることが重要になります。

　また、育児・介護休業法の改正により、2022年4月1日以降、育児休業を申出しやすい環境を整備するための研修の実施や相談体制の整備等の措置を1つ以上実施することが事業主に義務付けられていま

す。研修等を通じて広く従業員へ周知することも考えられるでしょう。なお、研修の実施について、改正育介施行通達によれば、すべての労働者に対して実施することが望ましいとしつつ、少なくとも管理職は研修を受けた状態にすべきとされています。また、効果的な実施方法として、①定期的に実施する、②調査を行う等職場の実態を踏まえて実施する、③管理職層を中心に職階別に分けて実施する等の方法が挙げられています。

ポイント

2022年10月1日の制度開始前に企業が準備しておくこと
①就業規則等の改定
②労使協定の締結
③社内様式の整備
④個別周知文書の見直し
⑤育児休業を取得しやすい職場環境の整備

Q 当社は人員に余裕がないため、休業中の体制を整えるのに時間を要します。男性には早めに育児休業を申し出てもらいたいと思っていますが、そのためにはどうすればよいでしょうか。

A 研修等を通じて十分に制度を周知することが重要です。育児休業を取得しやすい雇用環境整備のために講じる措置としては、研修のほかにも相談窓口の設置や自社の育児休業取得事例の収集・提供、育児休業に関する制度および取得促進の方針の周知等があります。法律上はいずれか一つ実施すれば足りますが、複数の措置を講じたほうが効果が高まると考えら

れます。また、管理職が男性の育児休業に否定的であると、育児休業の申出がしづらくなりますので、管理職に対する啓発は特に重要です。

Q 当社は従業員が15人程度の企業ですが、当社のような小規模事業者でも雇用環境整備の措置その他の改正法への対応は必要ですか。

A 今回の法改正は、育児休業取得率等の公表（2023年4月1日施行）以外の改正については、企業規模を問わず適用されますので、従業員が15人であっても改正法への対応が必要です。

コラム

両立支援等助成金（出生時両立支援コース）

　男性が育児休業を取得しやすい職場風土作りに取り組み、男性労働者に一定日数以上の育児休業を取得させた事業主に支給される助成金です。助成金を受けるためには法定を上回る措置を実施することが必要ですが、男性の育児休業取得促進のため、助成金の受給を視野に入れて取組みを進めるのも一つの方法です。

　なお、両立支援等助成金は、改正育児・介護休業法の施行に伴い2022年度に制度内容と支給額が大きく変わりました。詳細は、厚生労働省ホームページ等で確認してください。

2 就業規則や育児・介護休業規程、見直しが必要なところは?

就業規則は4月1日にも改定しましたよね。

そうだね。4月1日施行の有期雇用労働者の育児休業と介護休業の取得要件緩和の改正があったから、育児・介護休業規程の「引き続き雇用された期間が1年以上」の要件を削除した。

10月1日施行の改正ではどのような点を見直す必要がありますか。

出生時育児休業、育児休業の分割取得、1歳到達日後の育児休業の見直しなど色々あるよ。パパ休暇も廃止されるので削除しないと。漏れがないようにしないとね。

(1)就業規則等の改定の必要性

　今回の育児・介護休業法の改正では育児休業等の制度が大きく変わるので、関連する就業規則や育児・介護休業規程の改定が必要です。以下、施行日までに改定が必要と考えられる事項を見ていきます。なお、具体的な規定例を第3章に掲載していますので、あわせて参照してください。

⑵2022年4月1日施行にかかる改定（施行済）

①有期雇用労働者の育児・介護休業取得要件の修正

　有期雇用労働者の取得要件である「事業主に引き続き雇用された期間が1年以上の者」が廃止されたので、規程等に育児休業・介護休業等の取得要件として定めている場合は、当該定めの削除が必要となります。

⑶2022年10月1日施行にかかる改定

①「パパ休暇」規定の削除

　出生時育児休業の創設に伴い、従来のパパ休暇は廃止されます。該当規定（例：「産後休業をしていない従業員が子の出生後8週間以内にした最初の育児休業は1回の申出にカウントしない」等）は削除が必要です。

②育児休業の申出回数を変更

　育児休業の申出回数は1子につき1回限りとされていますが、分割して2回まで取得できるようになることに伴い、該当規定の改定が必要です。

③育児休業の撤回に関する規定の修正

　1歳までの育児休業が分割して2回まで取得できることとされたことに伴い、撤回する場合のルールも変わります。改正法施行前は、育児休業の申出を撤回した場合、撤回した申出にかかる子については特別な事情がある場合でなければ再度の申出はできません。

　改正法施行後は、育児休業の申出を撤回した場合、その申出にかかる育児休業をしたものとみなされます。このため、育児休業を分割取得する場合、1回目の申出を撤回するとその申出にかかる育児休業について再度の申出はできませんが、残り1回は申出ができます。したがって、撤回ルールについての規定を見直す必要があります。

④1歳到達日後の育児休業の見直し

　1歳到達日後の育児休業（1歳～1歳6か月の休業、1歳6か月～2歳の休業）については、以下の2点について、関連する規定の改定が必要です。

ⓐ特別な事情がある場合の再度の申出

　改正法施行前は、子が1歳到達日後の休業について、取得できる回数や、特別な事情が生じた場合の再度の申出についての明確な定めがありませんが、改正法施行後は、取得できる回数を原則として1回と定めるとともに、省令で定める特別な事情がある場合は再度の申出ができることとされました。このため、従来の規程等に新しい取扱いについての定めを追加することが必要となります。

ⓑ休業開始日の柔軟化等

　1歳到達日後の休業の開始日について、改正法施行前は、1歳～1歳6か月の育児休業は子が1歳に達した日の翌日、1歳6か月～2歳の育児休業は子が1歳6か月に達した日の翌日に限定されていますが、改正法施行後は、原則の開始日は現行のままとしつつ、特別な事情がある場合は1歳または1歳6か月に達した日の翌日に限定されないほか、配偶者が育児休業をしている場合は「配偶者の育児休業終了予定日の翌日以前の日」を開始予定日とすることができるようになります。このため、現行規定における1歳～1歳6か月の休業、1歳6か月～2歳の休業の取得要件の改定が必要です。

⑤「出生時育児休業」に関する定めの追加

　新しい制度である「出生時育児休業」に関する定めが必要となります。

　出生時育児休業は、育児休業とは別の制度として位置づけられており、取得要件が別に定められていたり、労使協定の締結により一定範囲の就業が認められていたりするなど育児休業とは制度内容が異なります。このため規程等に定める際は、育児休業とは別の独立した条文

（章、節等）とするのがよいでしょう。

　規定に定める内容としては、以下のような内容が考えられます。

ⓐ対象者

ⓑ申出の手続き

ⓒ申出の撤回

ⓓ休業の回数

ⓔ休業期間

ⓕ休業期間の変更（繰上げ、繰下げ等）

ⓖ終了事由

ⓗ休業中の就業を認める場合は就業に関する事項

ポイント

就業規則等で見直しが必要と考えられる事項

<u>2022年4月1日施行にかかる改定（施行済）</u>

有期雇用労働者の育児・介護休業取得要件の修正

<u>2022年10月1日施行にかかる改定</u>

①「パパ休暇」規定の削除

②育児休業の申出回数を変更

③育児休業の撤回に関する規定の見直し

④1歳到達日後の育児休業の規定の見直し

　・休業回数と特別な事情がある場合の再度の申出

　・休業開始日の柔軟化

⑤「出生時育児休業」に関する定めの追加

3 労使協定の締結はどんなときに必要？

出生時育児休業に関しては、労使協定の締結が必要になるとのことですが…

必ず締結しなければならないわけではないんだ。一部の従業員を制度の対象外とする場合や、出生時育児休業の申出期限を法定より前倒しする場合は必要になる。休業期間中の就業を認める場合も必要だよ。

では、まずは会社でそれらをどうするか決めないといけないということですね。

そういうこと。労使協定の手続きも時間がかかるし、早速検討をはじめないとね。

(1)労使協定が必要となる場合

　出生時育児休業制度については、以下①～③の事項について会社の方針を決定する必要があります。いずれも会社が決定した内容によっては、労使協定において必要事項を定めなければならないので、それらの手続きの時期も見込んで検討を進める必要があります。なお、労使協定の締結例を第3章に掲載していますので、参考にしてください。

①対象労働者の範囲

　出生時育児休業は、原則としてすべての労働者（日々雇用される者を除く）が対象ですが、有期雇用労働者については、「子の出生の日（出産予定日前に出生した場合は出産予定日）から起算して8週間を経過

する日の翌日から6か月を経過する日までに労働契約が満了すること
が明らかでない者」に限ります。

　また、労使協定を締結した場合は、以下の労働者は対象外とすること
とが可能です。

　ⓐ引き続き雇用された期間が1年未満の者

　ⓑ出生時育児休業申出があった日から起算して8週間以内に雇用関
　　係が終了することが明らかな労働者

　ⓒ1週間の所定労働日数が2日以下の労働者

　これらの労働者について、対象外とするか否かを検討し、対象外と
する場合は、その旨の労使協定の締結が必要です。

②出生時育児休業の申出期限

　出生時育児休業の申出は、原則として開始しようとする日の2週間
前までに行う必要がありますが、労使協定を締結して一定の措置を講
じた場合は、2週間超1か月以内の期間を申出の期限とすることが可
能です。シフトの見直しや業務引継ぎ等の都合上、2週間前の申出で
は運用が難しい場合は、労使協定を締結することを検討するとよいで
しょう。

　労使協定で定める事項は次のとおりです。

---

①　出生時育児休業申出が円滑に行われるようにするための措置
　の内容

　a　以下の雇用環境整備のための措置のうち2以上の措置を講
　　じること

　　イ　雇用する労働者に対する育児休業にかかる研修の実施

　　ロ　育児休業に関する相談体制の整備

　　ハ　雇用する労働者の育児休業の取得に関する事例の収集お
　　　よび当該事例の提供

> 　　ニ　雇用する労働者に対する育児休業に関する制度および育
> 　　　　児休業の取得の促進に関する方針の周知
> 　　ホ　育児休業申出をした労働者の育児休業の取得が円滑に行
> 　　　　われるようにするための業務の配分または人員の配置に
> 　　　　かかる必要な措置
> 　ｂ　育児休業の取得に関する定量的な目標を設定し、育児休業
> 　　の取得の促進に関する方針を周知すること
> 　ｃ　育児休業申出にかかる当該労働者の意向を確認するための
> 　　措置を講じた上で、その意向を把握するための取組みを行う
> 　　こと
> ②　申出の期限とする期間（２週間超１か月以内）

　①は、申出期限を２週間より前にするにあたって講じる措置の内容です。ａのイ～ニについては、育児・介護休業法改正事項の「雇用環境整備」の措置と同じです。

　ホの「育児休業申出をした労働者の育児休業の取得が円滑に行われるようにするための業務の配分または人員の配置にかかる必要な措置」については、育児休業を取得した労働者の業務を単に引き継ぐだけでは措置を行ったことにはなりません。業務の分担をする他の労働者の業務負担が過大とならないよう配慮・調整の上で措置を行う必要があります。

　また、①ｂの「育児休業の取得に関する定量的な目標を設定」については、法に基づく育児休業の取得率のほか、企業における独自の育児目的の休暇制度を含めた取得率等を設定することも可能ですが、少なくとも男性の取得状況に関する目標を設定することが必要とされています（改正育介施行通達）。

③出生時育児休業期間中の就業の可否

　育児休業期間中はあくまで臨時的・一時的な就労のみ認められていますが、出生時育児休業期間中は一定範囲内で予定を組んで就業することが可能です。出生時育児休業中の就業を認める場合は、その旨の労使協定を締結することが必要です。

ポイント

出生時育児休業制度において労使協定の締結を必要とする場合

①対象労働者の範囲

　労使協定で一定の労働者を制度の対象外とする場合

　→対象外とする労働者の範囲について締結

②出生時育児休業の申出期限

　出生時育児休業の申出期限を2週間超1か月以内とする場合

　→事業主が講じる措置の内容と申出期限について締結

③出生時育児休業中の就業

　休業中の就業を可能とする場合

　→就業を可能とする旨を締結

第2節　配偶者の妊娠・出産

1　男性から配偶者が妊娠したとの報告が。まず何をすればいい？

男性から配偶者が妊娠したと報告があったら何をすればいいでしょう。女性ならわかるのですが…。

男性に限ったことではないけど、まずは育児休業の制度の個別周知と意向確認だね。

4月1日以降、うちの会社も書面でやっていますよね。男性の育児休業の場合、周知する内容で気をつけることがありますか？

10月1日以降は、基本的に男性が取得する出生時育児休業の制度が始まるから、周知の文書も制度内容がわかるようにしておかないとね。

⑴個別周知・意向確認措置の義務付け

　改正法により、育児休業の取得促進の観点から、労働者本人または配偶者の妊娠・出産等について労働者から申出があったときは、当該労働者に対して育児休業に関する制度等について知らせる（以下「個別周知」といいます）とともに、育児休業等の取得の意向を確認する

ための面談等の措置（以下「意向確認」といいます）を講じることが
事業主に義務付けられました。

⑵個別周知する内容

　個別周知する内容は、次の事項とされています。

　ⓐ育児休業に関する制度（2022年10月1日以降は出生時育児休業制
　　度を含む）

　ⓑ育児休業申出の申出先

　ⓒ雇用保険の育児休業給付に関すること

　ⓓ労働者が育児休業期間について負担すべき社会保険料の取扱い

　出生時育児休業制度の周知については、改正法が施行される2022
年10月1日以降は必ず周知する必要がありますが、申出がそれより
前に行われた場合であっても、子の出生が2022年10月1日以降に見
込まれるような場合には、出生時育児休業制度も含めて周知すること
が望ましいとされています（改正育介施行通達）。

　また、改正育介指針では、出生時育児休業中に一定範囲内で就業す
る場合、就業日数によっては育児休業給付や社会保険料免除の要件を
満たさなくなる可能性があることについてあわせて説明するよう留意
することとされています。

⑶個別周知および意向確認の方法

　個別周知および意向確認の方法については、次のように定められて
います。ただし、③、④については、労働者が希望した場合に限りま
す。

　①面談による方法

　②書面を交付する方法

　③ファックスを利用して送信する方法

④電子メール等の送信の方法（記録を出力するなどして書面を作成
　できるものに限り、LINEやFacebook等のSNSメッセージ機能の
　利用も含む。）

⑷実施時期

　個別周知・意向確認の実施時期について、改正育介施行通達では、
希望の日から育児休業を円滑に取得できるよう、申出が出産予定日の
1か月半以上前に行われた場合は、1か月前までには個別周知・意向
確認を実施することが必要とされています。また、それ以降に申出が
行われた場合でもできる限り早い時期に措置を行うべきとし、実施時
期の目安について以下のとおり例示しています。

> ・申出が出産予定日の1か月前〜2週間前の申出
> 　→1週間以内に実施
> ・上記以降の申出
> 　→できる限り速やかに実施

⑸実施者

　個別周知と意向確認の実施は、事業主に義務付けられているもので
すが、人事部または所属長、直属の上司等が行うことも可能です。
　なお、改正育介指針では「（育児休業の）取得を控えさせるような形」
での個別周知や意向確認の措置の実施は認められないとしています。
特に男性の育児休業に関しては、実施者である上司が面談等で「業務
の状況から取得は難しいのでは」、「今後のキャリアのためには取得し
ないほうがいい」といった発言をしないよう、研修等を通じて制度の
趣旨をよく伝えることが重要です。

⑹注意事項（不利益取扱いの禁止等）

　改正法では、個別周知・意向確認の義務とともに、妊娠・出産等の申出をしたことを理由とした解雇その他不利益な取扱いを禁止する旨もあわせて定められましたので注意が必要です。

ポイント

労働者本人または配偶者が妊娠・出産した旨の申出があった場合の個別周知・意向確認の措置の実施内容

①個別周知する内容

　ⓐ育児休業に関する制度

　　（2022年10月１日以降は出生時育児休業制度を含む）

　ⓑ育児休業申出の申出先

　ⓒ雇用保険の育児休業給付に関すること

　ⓓ労働者が育児休業期間について負担すべき社会保険料の取扱い

②個別周知・意向確認の方法

　面談、書面の交付等

③実施時期

　・申出が出産予定日の１か月半以上前に行われた場合は１か月前まで

　・それ以降に申出が行われた場合でもできる限り早い時期に実施

④実施者

　人事部、所属長、直属の上司が実施することも可

⑤注意事項

　妊娠・出産等の申出をしたことによる不利益取扱いの禁止

Q 子どもが生まれる人全員に個別周知・意向確認の措置を実施しなければならないのでしょうか。

A 本人または配偶者が妊娠・出産した旨の申出があった場合に措置の実施が必要となります。なお、妊娠の申出には、「妊娠3か月である」といった配偶者の妊娠の状況や、出産予定日等の妊娠したことが確実である事実を申し出た場合を含みます。

Q 意向確認の際に、育児休業を取得するか否か、本人の意向がその場で確認できなかった場合、後日最終的な意思を確認する必要がありますか。

A 意向確認については、改正育介指針では「意向確認のための働きかけを行えばよい」とされていますので、その場では労働者の取得の意向がはっきりとしない場合は、取得を希望するときは申出をするよう、案内をすれば足りるものと考えられます。

Q 妊娠・出産等の申出を所定の申出書で行うことと、妊娠・出産した事実を証明するものとして、母子手帳のコピー等を添えることを義務付けても問題ないでしょうか。

A あらかじめ申出書の書式を定め、提出方法について明らかにしておけば書面による申出とすることも可能です。ただし、法令では申出方法を書面の提出に限定していないので、所定の方法によらない場合（口頭等）であっても、必要な内容が伝わる限り措置を実施する必要があります。また、母子手帳のコピー等の証明書類を求めることは、法令上の規定がないため、事業主が依頼して本人が任意で提出することは可能で

すが、その提出がなかったことをもって申出を認めないとすることはできません。

2 出産に関する社会保険の手続きは?

個別周知と意向確認をしたあと、出産の報告があったら社会保険の手続きも必要ですよね。

子を健康保険の被扶養者とする場合は手続きが必要だね。それに、配偶者を被扶養者としている場合、健康保険の出産育児一時金を受給できる。どちらも個別周知のときに一緒に案内するといいかもしれないね。

(1)出産に関する社会保険の手続き

　男性の配偶者が出産した場合に必要となる可能性のある手続きは、健康保険の被扶養者の届出と、出産育児一時金の受給です。いずれも出生前または出生直後に必要となる手続きですので、個別周知の際など、早めに手続きの概要などを案内しておくとよいでしょう。なお、出生日の確定は、これらの手続きのほか、出生時育児休業等の開始日にも関わりますので、子が出生したら速やかに労働者に報告してもらうようにしましょう。

(2)子を健康保険の被扶養者とする手続き

　出生した子を健康保険の被扶養者とする場合は、保険者（日本年金機構または健康保険組合）に対して「健康保険被扶養者（異動）届」を提出する必要があります。子の健康保険証の発行に関わる手続きで

すので、出生後なるべく早く行いましょう。

⑶出産育児一時金

　男性が配偶者を健康保険の被扶養者としている場合、配偶者が妊娠4か月以上で出産（早産、死産、人工妊娠中絶を含む）したときは、健康保険から出産育児一時金が支給されます。

①支給額

　1児につき42万円が支給されます（産科医療補償制度に加入していない医療機関等で出産した場合は40.8万円）。また、健康保険組合によっては、上記のほか付加金が支給される場合もあります。

②手続き

　出産育児一時金は、事前に手続きをしておくことで、医療機関等での出産費用に充てることができます。この仕組みを「直接支払制度」といいますが、この直接支払制度では事務的負担や資金繰りへの影響が大きい診療所・助産所等は、同じく出産育児一時金を出産費用に充てることができる「受取代理制度」を利用できる場合があります。手続きの流れは、ⓐ直接支払制度を利用する場合、ⓑ受取代理制度を利用する場合、ⓒいずれの制度も利用しない場合で異なります。

ⓐ直接支払制度を利用する場合

　直接支払制度は、出産育児一時金の額を上限として、本人に代わって医療機関等が支払機関を通じて保険者（協会けんぽ、健康保険組合）に出産費用を請求する制度です。手続きの流れは以下のとおりです。

　　イ　被保険者が医療機関等に対し、直接支払制度を利用することに対する合意文書を提出（合意文書は医療機関等が提示）。

　　ロ　出産後、出産育児一時金の額を超えた差額分を被保険者が医療機関等に支払う。出産費用が出産育児一時金の額以内である場合は支払いはなし。

ハ　出産費用が出産育児一時金の額未満であった場合、または健康保険組合の付加給付があるときは、被保険者は所定の申請書（「健康保険出産育児一時金内払金支払依頼書・差額申請書」等）により、保険者に対して差額または付加給付の支給申請を行う。

ⓑ受取代理制度を利用する場合

　事務的負担や資金繰りへの影響が大きいため直接支払制度を導入していない診療所・助産所等では、「受取代理制度」が利用できる場合があります。受取代理制度を利用する場合は、

イ　被保険者が「出産育児一時金等支給申請書（受取代理用)」に記入し、医療機関等（受取代理人）の欄に記入してもらった上で、保険者に提出。

ロ　出産後、出産育児一時金の額を超えた差額分を被保険者が医療機関等に支払う。出産費用が出産育児一時金の額以内である場合は支払いはなし。

ハ　出産費用が出産育児一時金の額未満の場合、または健康保険組合の付加給付があるときは、保険者から被保険者に対して「イ」の申請時に記入した被保険者自身の口座に差額または付加給付が振り込まれる。

ⓒ直接支払制度、受取代理制度のいずれも利用しない場合

　直接支払制度および受取代理制度のいずれも利用しない場合は、被保険者は出産をした医療機関等に出産費用を全額支払う必要があります。その後「健康保険出産育児一時金支給申請書」に医師等の証明を受けた上で、被保険者が保険者に支給申請をします。

ポイント

出産に関する社会保険手続き

①子を健康保険の被扶養者とする手続き

・健康保険被扶養者（異動）届を保険者に提出

②出産育児一時金

・支給額：42万円[※1]

・手続き：ⓐ直接支払制度の利用、ⓑ受取代理制度の利用、ⓒ
被保険者が保険者に直接申請のいずれか

※1　産科医療補償制度に加入していない医療機関等で出産したときは40.8万円

コラム

共働きの場合の被扶養者認定基準

共働きの場合の健康保険等の被扶養者の認定基準について、2021年4月に新たな通達（「夫婦共同扶養の場合における被扶養者の認定について」（令和3年4月30日保保発0430第2号・保国発0430第1号）が発出され、2021年8月1日から適用されています。

新しい基準では、被扶養者の認定について、原則として過去の収入、現時点の収入、将来の収入等から今後1年間の収入を見込んだ年間収入が多いほうの被扶養者とすることとされました。共働き夫婦に子が生まれた場合は、基本的にこの基準に沿って被扶養者認定が行われます。

1 出生時育児休業の申出はどんな手続きが必要？

 出生時育児休業の申出は2週間前までにしてもらうのですよね。どういう手続きが必要でしょうか。

 休業開始予定日の2週間前までに書面で申し出てもらう必要があるよ。申出を受けたら、その内容などについて本人に通知をしなければならない。

 育児休業と同じですね。申出を受けたときに確認したほうがよいことはありますか？

 出生時育児休業は分割取得する場合はまとめて申し出る必要があるから、2回分の記載がない場合でも念のため2回目の取得の意向があるか確認したほうがいいね。就業を希望する場合の手続きも案内しておくといいと思うよ。

⑴出生時育児休業の申出手続き

　出生時育児休業は所定の申出期限（原則として2週間前。労使協定を締結し、必要な措置を講じた場合は2週間超～1か月前の期間）までに申し出てもらうようにします。

　出生時育児休業の申出は、基本的に育児休業と同様、希望する休業開始予定日と終了予定日その他必要な事項について以下のいずれかの方法により行う必要があります。ただし、ⓑ、ⓒについては事業主が適切と認めた場合に限ります。

　　ⓐ書面の提出

　　ⓑファックスの送信

　　ⓒ電子メール等の方法（記録を出力することにより書面を作成することができるものに限る。LINE、Facebook等のSNSメッセージ機能の利用可）

　また、申出を受けた事業主は、速やかに所定の事項を労働者に通知する必要があります。この通知方法は上記申出の方法と同じですが、ⓑ、ⓒについては労働者が希望する場合に限ります。

　出生時育児休業申出の社内様式例を第3章に掲載していますので、参考にしてください。

(2)申出を受けるときの留意事項

　出生時育児休業は2回に分割して取得することが可能ですが、その場合、初回の申出時に2回分の申出をすることとされていますので、分割取得の希望がないか、申出時に労働者の意向をよく確認するようにしましょう。また、休業期間中の就業を可能とした場合、本人の申出や事業主からの提示、提示に対する本人同意などの事前の手続きがあります。就業可能日等の申出は休業開始日の前日まで可能とされていますが、手続きに要する時間を考慮し、希望がある場合は、可能な限り早めに申出書を提出してもらえるよう伝えておくとよいでしょう（就業可能日等の申出については69ページ参照）。

ポイント

出生時育児休業の申出手続き

①出生時育児休業の申出期限は２週間前（労使協定を締結し、必要な措置を講じた場合は２週間超〜１か月前までの期間）

②申出は、ⓐ書面の提出、ⓑファックスの送信、ⓒ電子メール等の方法（ⓑ、ⓒについては事業主が適切と認めた場合に限る）のいずれかの方法により行う

③申出を受けた事業主は、速やかに所定の事項を労働者に書面等で通知する

Q 女性は出生時育児休業の申出をできないのですか。

A 出生時育児休業の対象期間である子の出生後８週間以内は、出産した女性は労働基準法の定めにより産後休業を取得している期間であるため、出生時育児休業の申出はできません。ただし、出生時育児休業の対象となる子は養子縁組した子なども含まれますので、女性であっても養子の場合などは対象となります。

Q 出生時育児休業を１度取得した従業員が、２回目の取得の申出をしてきました。これから休業の体制を整えるのは難しいのですが、取得を認める必要がありますか。

A 出生時育児休業を分割取得する場合は初回にまとめて２回分を申し出ることとされていますので、１度取得した後の２回目の申出を拒否することは可能です。なお、このような場合

でも２回目の取得を認めることは差し支えありません。

> **Q** 申出が２週間前より遅れた場合、休業を拒否することはできますか。
>
> **A** 申出が２週間前より遅れた場合であっても、事業主は休業を拒否することはできません。ただし、この場合、事業主は、労働者が申し出た開始予定日から「休業の申出があった日の翌日から起算して２週間を経過する日（＝申出日の２週間後の応当日＝曜日が同じ日）」までの間で、休業を開始する日を指定することができます。たとえば、12月１日が休業を開始しようとする日で、労働者の申出が１週間前の11月24日に行われた場合、12月１日から12月８日（11月24日の２週間後の応答日）までの間で休業開始日を指定することができます。休業開始日を指定する場合は、申出のあった日の翌日から３日を経過する日までに、指定する日を労働者に通知する必要があります。上の例で言えば、11月27日までに通知が必要です。

2 出生時育児休業の対象期間と休業期間は？

> 出生時育児休業は子の出生後８週間以内の期間内であれば本人の希望で何日でも取得できるのでしょうか？

> いや、休業できる期間は、子の出生後８週間以内の期間中に４週間以内と決まっているよ。

⑴出生時育児休業の対象期間と休業期間

　出生時育児休業の制度運用にあたっては、出生時育児休業の対象となる期間（以下「対象期間」といいます）と休業できる期間を正確に把握しておく必要があります。そこで、出生時育児休業の対象期間と休業期間を詳しく見ていきましょう。

【対象期間】

　出生時育児休業の対象期間は、子の出生後8週間以内の期間とされていますが、正確には「子の出生の日から起算して8週間を経過する日の翌日まで」です。たとえば、11月5日が出生日の場合、その日から起算して8週間（56日）を経過する日が12月30日、その翌日が12月31日ですから、11月5日から12月31日までが対象期間ということになります。ただし、子の出生日が出産予定日と異なる場合の対象期間は以下のとおりです。

・出産予定日前に子が生まれた場合

　「出生日」から「出産予定日から起算して8週間を経過する日の翌日」まで

　　ケース1　出産予定日が11月5日、出生日が11月1日の場合
　　　　　　　対象期間は11月1日〜12月31日

・出産予定日後に子が生まれた場合

　「出産予定日」から「出生日から起算して8週間を経過する日の翌日」まで

　　ケース2　出産予定日が11月5日、出生日が11月10日の場合
　　　　　　　対象期間は11月5日〜翌年1月5日

　つまり、子の出生が早まったり遅れたりした場合は、その分対象期間は延長されるわけです（図表1）。

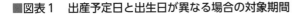

■図表1　出産予定日と出生日が異なる場合の対象期間

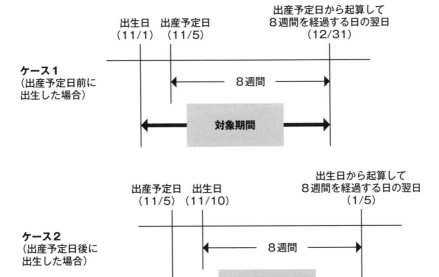

【休業期間】

　出生時育児休業の休業期間は、前述の対象期間中に、分割取得する場合も含め合計4週間（28日間）以内で取得できます。この「合計4週間」とは暦日による計算となりますので、たとえば所定休日が土曜日と日曜日の会社であって、金曜日から翌週の月曜日まで出生時育児休業を取得した場合、その間の暦日である「4日」取得したことになります。

ポイント

①出生時育児休業の対象期間

【原則的な対象期間】

子の出生の日から起算して8週間を経過する日の翌日まで

【出産予定日前に子が生まれた場合】

「出生日」から「出産予定日から起算して8週間を経過する日の翌日」まで

【出産予定日後に子が生まれた場合】

「出産予定日」から「出生日から起算して8週間を経過する日の翌日」まで

②出生時育児休業の休業期間

対象期間内に4週間（暦日で28日）以内の期間

Q 改正法が施行される2022年10月1日前にパパ休暇を取得していた場合でも、施行後にあらためて出生時育児休業を28日以内で2回まで取得することができますか。

A 2022年10月1日前に開始したパパ休暇については、改正後は出生時育児休業とみなされます。たとえば、2022年9月中にパパ休暇を7日取得した場合、出生時育児休業を1回取得したものとみなされ、10月以降は、残り1回分を21日の範囲内で取得することができます。

Q 当社にはすでに配偶者の出産や育児のために3日取得できる配偶者出産休暇があるため、出生時育児休業の休業日数は、上限の28日から配偶者出産休暇の3日を差し引いた25日までとしてよいでしょうか。

A 企業が任意で設けている配偶者出産休暇といった育児目的休暇の内容が、育児・介護休業法に定める出生時育児休業の要件を満たすものであれば可能です。要件とはたとえば、利用できる理由（育児のため）、申出期限（2週間前）、2回まで

の分割取得可、繁忙期等の理由で取得を拒否できないことなどです。また、出生時育児休業の日数は暦日で算定するため、育児目的休暇も同様に算定する必要があります。たとえば、土日が休みの会社で木・金曜日と翌週の月曜日に育児目的休暇を取得したときは、3日取得ではなく、土・日曜日も含めて5日の休業を取得したこととなります。このような取扱いをする場合は、育児目的休暇が出生時育児休業の要件を満たすことのほか、分割回数の算定や育児目的休暇との通算方法等、就業規則上、育児目的休暇と出生時育児休業の関係を規定上明確にしておくことが必要とされています。

3 出産が予定日より早まったり遅れたりした場合は？

出生時育児休業の休業開始予定日を出産予定日にしている場合、出産が早まったり遅れたりしたら休業期間はどうなるのでしょうか。

対象期間が延長されるから当初の予定どおりに休業することもできるけど、休業期間を変更したい場合は、育児休業と同様に、休業開始予定日の繰上げと休業終了予定日の繰下げができるよ。

(1)出産予定日より早まったり遅れたりした場合の対象期間

　女性の場合は産後休業の後に連続して育児休業に入るケースが多いため、子の出生が出産予定日より早まったり遅れたりしても休業していることに変わりはなく、休業開始日が変更となることについて意識

されることが少ないですが、男性の場合は休業期間変更の希望等が生じるケースが考えられるため注意が必要です。

　出生時育児休業の対象期間は出生日が出産予定日と異なる場合、対象期間が延長される（詳細は「出生時育児休業の対象期間と休業期間は？（61ページ）」参照）ため、当初の予定通り出生時育児休業を取得することは可能です。

　たとえば、10月20日が出産予定日で、申出時点で10月20日〜10月31日と12月1日〜12月15日（出産予定日から56日を経過する日の翌日）の休業を申し出ていたとします。この後、実際の出産日が早まって10月15日になった場合、出生日から56日経過する日の翌日は12月10日ですが、出生が出産予定日より早まった場合は対象期間が「出生日」から「出産予定日から起算して8週間を経過する日の翌日まで」となるので、12月1日〜12月15日の休業を予定どおり取得することは可能です。

　一方、実際の出産日が出産予定日より遅れて10月25日になった場合、出生日は10月25日ですが、対象期間は「出産予定日」から「出生日から起算して8週間を経過する日の翌日」までとなるので、10月25日からではなく、当初の予定通り10月20日から休業することが可能です。

⑵出生時育児休業期間の変更

　前述のとおり、出産予定日が早まったり遅くなったりした場合でも、必ずしも申し出た休業期間を変更する必要はありませんが、休業期間の変更を希望する場合は、以下のとおり申出が必要です。なお、この点は育児休業の休業期間の変更のルールと内容はほぼ同じですが、休業終了予定日の繰下げの申出については、育児休業は1か月前までの申出とされている点に違いがあります。

①出生時育児休業開始予定日の繰上げ

　労働者は、出生時育児休業の申出をした後に、出産予定日前に子が出生するなどの一定の事由[※2]が生じた場合、申出当初の開始予定日を1回に限り開始予定日より前の日に変更（繰上げ）することが可能です。

　開始予定日を繰り上げる場合、労働者は原則として変更後の開始予定日の1週間前までに申し出る必要があります。申出がこれより遅れた場合でも変更はできますが、その場合、事業主は「変更の申出があった日の翌日から起算して1週間を経過する日（申出日の翌週の応当日＝曜日が同じ日）」までの間で、休業を開始する日を指定することができます。ただし、「1週間を経過する日」が当初の育児休業の申出の日より後であるときは、当初の育児休業申出の日までの間で指定することになります。

　　※2　育児休業の休業開始日の繰上げができる事由と同じ（第1章第1節1(5)①、6ページ参照）。

②出生時育児休業終了予定日の繰下げ

　出生時育児休業の申出をした労働者は、当初の申出時に育児休業終了予定日とした日を、理由を問わず、1回に限り終了予定日より後の日に変更（繰下げ）することが可能です。

　終了予定日を繰り下げる場合、終了予定日の2週間前までに申し出る必要があります。申出がこれより遅れた場合、法律上、事業主は必ずしも休業終了予定日の繰下げに応じる必要はありませんが、期限を過ぎても繰下げを認めるとすることは差し支えありません。

③出生時育児休業開始予定日の繰下げと休業終了予定日の繰上げ

　育児・介護休業法では、出生時育児休業の開始予定日の繰下げと休業終了予定日の繰上げについての定めがありません。したがって、たとえば子の出生が出産予定日より遅れたからといって開始予定日を繰

り下げることを労働者が希望したとしても、必ずしも認める必要はありませんが、企業の実情に応じてこれらを認める制度を設けることは望ましい措置と言えます。

④申出・通知

　休業期間の変更について、労働者は書面（事業主が適切と認める場合はファックス、電子メール等も可）で申し出る必要があります。また、申出を受けた事業主は、労働者に対し変更の申出を受けた旨や変更後の休業期間などを書面（労働者が希望する場合はファックス、電子メール等も可）で通知する必要があります。

ポイント

①出産予定日が早まったり遅くなったりした場合の出生時育児休業の対象期間
　・出産予定日前に子が生まれた場合
　　「出生日」から「出産予定日から起算して8週間を経過する日の翌日」まで
　・出産予定日後に子が生まれた場合
　　「出産予定日」から「出生日から起算して8週間を経過する日の翌日」まで
②出生時育児休業開始予定日の繰上げ
　出産予定日前に子が出生するなどの一定の事由が生じた場合、申出当初の開始予定日を1回に限り開始予定日より前の日に変更（繰上げ）することが可能
③出生時育児休業終了予定日の繰下げ
　事由を問わず1回に限り終了予定日より後の日に変更（繰下げ）することが可能

Q 出生時育児休業開始予定日の繰上げと終了予定日の繰下げは それぞれ1回限りとのことですが、分割取得する場合、1回目に繰上げまたは繰下げを行った場合、2回目の休業については繰上げまたは繰下げはできないのでしょうか。

A 休業開始予定日の繰上げと終了予定日の繰下げは休業1回につき1回可能です。したがって、分割取得した場合は、それぞれ1回ずつ繰上げと繰下げが可能です。

Q 出生時育児休業の申出を撤回した場合、改正法施行後の育児休業の申出の撤回とルールは同じですか。

A 改正法施行（2022年10月1日施行）後の1歳までの育児休業の申出の撤回ルールと同じく、休業の申出を撤回した場合は、その申出にかかる休業をしたものとみなされます。このため、分割取得において、1回目の申出を撤回した場合、1回目の再度の申出はできませんが、2回目の申出は可能です。

4 出生時育児休業期間中の就業の手続きはどのようにすすめる？

うちの会社では休業期間中の就業を認めることになりましたが、手続きはどのようにすすめるのでしょうか。

就業を希望する従業員に就業可能日を申し出てもらって、会社はその範囲で就業日を提示するんだ。提示日に対して同意が得られた場合だけ就業させることができるんだよ。

就業までいくつかプロセスがあるのですね。

就業可能日の申出は休業開始予定日の前日までできるけど、手続きにかかる時間や現場との連絡を考えると、希望日が決まったらなるべく早めに申出書を提出してもらうようにしたほうがいいね。

⑴出生時育児休業期間中の就業

第1章で説明したとおり、出生時育児休業については、労使協定の締結を前提として、一定の範囲内で就業することを可能としています。就業できる範囲は以下のとおりです。

- ・就業日数：出生時育児休業期間の所定労働日数の1/2以下
  （1日未満の端数は切り捨てる）
- ・労働時間：出生時育児休業期間における所定労働時間の合計の1/2以下
- ・その他　：開始予定日または終了予定日を就業日とする場合、労働時間がその日の所定労働時間に満たない時間

⑵就業可能とする場合の手続き

出生時育児休業中に就業を可能とする場合の手続きの流れは、以下の①から④のとおりです。

①労使協定の締結

出生時育児休業期間中に就業を可能とする場合は、あらかじめその旨の労使協定の締結が必要です。

②**労働者の就業可能日等の申出**

　労働者が休業中に就業することを希望する場合は、休業開始予定日の前日までに、以下の事項を労働者自身が申し出ます。

　　ⓐ就業可能日

　　ⓑ就業可能日における就業可能な時間帯（所定労働時間内の時間帯に限る）その他の労働条件

③**事業主の就業日の提示**

　申出を受けた事業主は、就業可能日等の範囲内で次の事項を提示します。

　　ⓐ就業可能日のうち、就業させることを希望する日（希望しない場合はその旨）

　　ⓑ就業時間帯その他の労働条件

④**労働者の同意**

　③の事業主の提示に対し同意を得た場合に限り、提示した日時に就業させることが可能です。

⑤**事業主の通知**

　労働者の同意を得た場合、事業主は次の事項を労働者に通知します。

　　ⓐ労働者の同意を得た旨

　　ⓑ出生時育児休業期間において、就業させることとした日時その他の労働条件

⑥**同意の撤回**

　休業開始予定日の前日までの間、労働者は同意を撤回することが可能ですが、休業開始予定日以後の撤回は、以下の特別な事情がある場合に限られます。

　　ⓐ配偶者の死亡

　　ⓑ配偶者が負傷、疾病または身体上もしくは精神上の障害その他これらに準ずる心身の状況により出生時育児休業申出にかかる子を

養育することが困難な状態になったこと

ⓒ婚姻の解消その他の事情により配偶者が出生時育児休業申出にかかる子と同居しないこととなったこと

ⓓ出生時育児休業申出にかかる子が負傷、疾病または身体上もしくは精神上の障害その他これらに準ずる心身の状況により、2週間以上の期間にわたり世話を必要とする状態になったこと

同意を撤回する場合は、同意を撤回する旨、撤回する年月日、特別な事情の場合は当該事情にかかる事実を事業主に申し出る必要があります。

同意の撤回に対し、事業主は事実を証明する書類の提出を求めることができます。また、労働者に撤回を受けた旨等を通知する必要があります。

⑶申出・通知等の方法

就業に関する手続きのうち、「就業可能とする場合の手続き（70ページ）」における、②〜⑥の手続きに関しては、ⓐ書面を交付する方法、ⓑファックスを利用して送信する方法、ⓒ電子メール等の送信の方法（電子メール等の記録を出力することにより書面を作成することができるものに限る）のいずれかで行う必要があります。なお、ⓑ、ⓒの方法は、事業主への申出等については事業主が適当と認める場合、労働者に対する通知等については労働者が希望する場合に限ります。これらの社内様式例については第3章に掲載していますので、参考にしてください。

ポイント

出生時育児休業中の就業を可能とする場合の手続きの流れ
①労使協定の締結

②労働者の就業可能日等の申出

③事業主の就業日の提示

④労働者の同意

⑤事業主の通知

⑥同意の撤回（労働者が撤回する場合）

Q 労働者から申出があった範囲内で就業日の提示をした後に、就業日の変更があった場合、認める必要がありますか。

A 労働者は、出生時育児休業の開始予定日の前日までは、事業主に申し出た就業可能日を変更し、または撤回することができることとされていますので、休業開始予定日の前日までは変更を認める必要があります。

Q 休業開始日以後に、同意の撤回が認められない事由で就業することができなくなった場合、その日に年次有給休暇を取得することはできますか。

A 出生時育児休業における就業日は労働日であるため、年次有給休暇や子の看護休暇を取得することは可能です。なお、休業開始日以後であっても撤回を認めることは法を上回る措置であり、差し支えありません。

Q 出生時育児休業の申出をした従業員が、昼間は家事や育児で就業できないので、夜間のテレワークでの就業を申し出てきました。会社の所定労働時間は9時から18時なのですが、夜間の就業を認めなくてはならないでしょうか。

A 就業の申出は、所定労働時間の時間帯に限られますので、所

定労働時間以外の時間帯について就業の申出はできません。

Q 従業員から就業の申出があった場合、希望通りに認めなければならないのですか。

A 事業主は労働者から就業可能日の申出があった場合に、その就業可能日等の範囲内で「就業させることを希望する日」を提示することが可能です。つまり、すべて従業員の希望どおりに就業させなければならないわけではありません。なお、就業させることを希望しない（提示する日がない）場合でも、その旨の提示が必要です。

5 育児休業の申出手続き

 男性の場合、出生時育児休業の後、育児休業を取得する人もいますよね。

そうだね。出生時育児休業を2回取得した後に育児休業を2回取得する人や、出生時育児休業を取得しないで育児休業だけ取得する場合も考えられるよ。

(1)育児休業の申出手続き

　子を養育する男女労働者は子が1歳に達する日（パパ・ママ育休プラスの場合は1歳2か月）まで育児休業を取得することができます。

　育児休業の申出は、休業を開始しようとする日の1か月前までに、希望する休業開始予定日と終了予定日その他必要な事項について以下のいずれかの方法により行う必要があります。ただし、②、③につい

ては事業主が適切と認めた場合に限ります。

①書面の提出

②ファックスの送信

③電子メール等の方法（記録を出力することにより書面を作成することができるものに限る。LINE、Facebook等のSNSメッセージ機能の利用可）

　また、申出を受けた事業主は、速やかに所定の事項を労働者に通知する必要があります。この通知方法は上記申出の方法と同じですが、②、③については労働者が希望する場合に限られます。

　育児休業については、改正法の施行により、2022年10月1日以降は分割して2回に分けて取得することが可能となります。出生時育児休業と異なり、初回の申出時に2回分の申出をすることは求められていませんが、その場合でも業務配分や代替要員の確保等の関係から、2回に分割して取得する予定があるか否かについて、確認しておくとよいでしょう。

　2022年10月1日の改正法施行を反映した育児休業申出書の社内様式例を第3章に掲載していますので、参考にしてください。

⑵出生時育児休業と育児休業の選択

　出生時育児休業と育児休業は別の制度ですので、出生時育児休業を2回取得した後に、育児休業を2回取得することは可能です。その場合は、出生時育児休業の申出に加え、育児休業の申出も必要です。

　また、男性の場合、子の出生後8週間以内の期間は出生時育児休業と育児休業のいずれも取得することが可能であり、どちらの休業を取得するかは本人の選択によります。いずれも健康保険・厚生年金保険料の免除や、雇用保険の給付金の支給額等はほぼ同様ですが、出生時育児休業は、休業期間中の就業が認められている点や、休業期間が4

週間に限られている点が育児休業とは異なります。このため、休業期間中の就業を希望する場合は出生時育児休業を選択することが考えられますが、子の出生後8週間以内に4週間より長い期間の休業を希望する場合は、育児休業を選択することも考えられます。

ポイント

①育児休業の申出手続き
- ・育児休業の申出期限は1か月前
- ・申出は、ⓐ書面の提出、ⓑファックスの送信、ⓒ電子メール等の方法（ⓑ、ⓒについては事業主が適切と認めた場合に限る）のいずれかの方法により行う。
- ・申出を受けた事業主は、速やかに所定の事項を労働者に書面等で通知する。

②出生時育児休業と育児休業はそれぞれ2回ずつ、合計4回の取得が可能（2022年10月1日以降）。

③子の出生後8週間以内に出生時育児休業と育児休業のどちらを取得するかは労働者本人の選択による。

Q 今回の改正で、育児休業も出生時育児休業と同様、一定の就業が認められることとなったのでしょうか。

A 育児休業については、これまでと同様、就業はあくまで「臨時的・一時的」なものに限られており、改正による変更はありません。

6 育児休業の分割取得、実務への影響は？

育児休業が分割して取得できるようになるということですが、実務上どんな影響があるでしょうか？

2回取得できるようになることで、男女問わず複数回の取得や短期の休業が増える可能性があるね。今までより休業期間や必要な手続きの管理をしっかり行う必要がありそうだね。

(1)育児休業の分割取得

　育児・介護休業法の改正により、これまでパパ休暇を除き1子につき1回限りとされている育児休業が、改正法施行日である2022年10月1日以降は2回まで取得できることとされます（パパ休暇は施行日以降廃止）。3回目は原則として取得できませんが、下記の特別な事情がある場合に限り可能とされます。

①新たな産前産後休業期間が始まったことにより育児休業が終了した場合で、産前産後休業にかかる子が次のいずれかに該当したとき
　ⓐ死亡したこと
　ⓑ子が他人の養子となったこと等の事情により、同居しないこととなったこと

②新たな育児休業期間または出生時育児休業期間が始まったことにより育児休業が終了した場合で、新たな育児休業にかかる子が次のいずれかに該当したとき
　ⓐ死亡したこと
　ⓑ子が他人の養子となったこと等の事情により、同居しないこと

となったこと

ⓒ特別養子縁組の不成立、養子縁組里親への委託の措置の解除

③新たな介護休業期間が始まったことにより育児休業が終了した場合で、対象家族が死亡したときまたは離婚、婚姻の取消し、離縁等により介護休業の対象家族との親族関係が消滅したとき

④配偶者が死亡したとき

⑤配偶者が負傷、疾病、身体上・精神上の障害により、子を養育することが困難となったとき

⑥婚姻の解消その他の事情により配偶者が子と同居しないこととなったとき

⑦子が負傷、疾病、身体上・精神上の障害により、2週間以上世話を必要とする状態になったとき

⑧保育所等に申込みを行っているが、当面保育の利用ができないとき

なお、これらの事由以外であっても3回目以降の取得を認める制度を設けることは、法律を上回るものであり、差し支えありません。

(2)育児休業の分割取得の申出

育児休業の分割取得は、出生時育児休業の分割取得と異なり初回時にまとめて2回分を申し出る必要はありません。このため、1回取得した後に、新たな申出をすることが可能です。なお、出生時育児休業と育児休業はそれぞれ分割取得が可能ですので、改正法施行日である2022年10月1日以降は、それぞれ2回ずつ、合計4回の休業の取得が可能となります。

(3)分割取得や出生時育児休業の実務への影響

育児休業が分割取得できるようになることや、同時期に施行される出生時育児休業制度の創設に伴う実務への影響としては、次のような

ことが考えられます。

①男性の育児休業申出の増加

　育児・介護休業法の改正による個別周知・意向確認の義務化（2022年4月1日施行）により本人あるいは共働きの妻が職場で説明を受けるなどして育児休業の新しい制度が周知され、これまで少なかった男性の育児休業の申出が増える可能性があります。

②育児休業の取得回数の増加と期間の短縮化

　現状では男性の育児休業取得率は非常に低く、女性が産後休業から1歳まで連続して休業するケースが多いですが、分割取得の制度により、たとえば夫婦がそれぞれの業務の繁忙期を避けて、交代で2回ずつ取得するといったことが可能になります。また、男性は、同時期に施行される出生時育児休業もあわせると休業を合計4回取得することが可能です。つまり、改正後は男女かかわらず、これまでのように長期間の休業を取得するケースに加え、比較的短い期間で複数回取得するなど、様々な取得パターンが考えられるわけです。

③社会保険の手続きの煩雑化

　健康保険・厚生年金の保険料免除の手続きは、出生時育児休業を取得した場合や、育児休業を分割取得した場合も、原則としてその都度行う必要があります。これらの休業の期間が短い場合、取得の時期または日数によっては保険料が免除とならないケースがあるため、手続きにあたっては、免除の対象になるか否かを確認の上、必要な書類を提出する必要があります。

　また、雇用保険の手続きに関しては、新しい給付金（出生時育児休業給付金）が創設されるほか、育児休業を分割取得した場合の、2回目に取得した際の手続きも必要です。これらの手続きについての詳細は「休業期間中の社会保険の手続き（89ページ）」を参照してください。

　このようなことから、改正法施行後は、これまで以上に育児休業取

得者の個別の休業期間や、社会保険手続きの進捗等の管理が重要になります。制度内容を把握した上で、各種手続きに漏れがないようにしましょう。

ポイント

①育児休業は分割して２回まで取得可能。３回目は特別な事情がある場合に限る

②出生時育児休業の創設、育児休業の分割取得等により、これまでより取得回数の増加、期間の短縮化が考えられる。各種手続きに漏れがないよう、育児休業取得者の個別の休業期間や手続きの進捗管理が重要

Q 育児休業の分割取得の制度施行後、両親が育児休業を取得するパパ・ママ育休プラスの特例に変更点はありますか。

A 育児休業を分割取得する場合や、出生時育児休業をする場合でも、パパ・ママ育休プラスの特例が適用される基本的な要件は変わりません。以下の３つの要件を満たす場合は、特例として、育児休業を１歳２か月まで取得することが可能です。

①労働者本人の配偶者が、子の１歳に達する日以前において育児休業をしていること

②労働者本人の育児休業開始予定日が子の１歳の誕生日以前であること

③労働者本人の育児休業開始予定日が、配偶者がしている育児休業の初日以降であること

Q 育児休業を分割取得した場合で、１回目の取得の際に休業終

了予定日の繰下げを行った場合、2回目の取得の際に再度繰

下げはできるのでしょうか。

A 休業開始予定日の繰上げおよび休業終了予定日の繰下げは、

分割取得する場合、1回の取得につき1回ずつ可能です。し

たがって、1回目の取得の際に繰下げを行った場合でも、2

回目の取得の際に繰下げを行うことができます。

7 1歳到達日後の育児休業 ～特別な事情がある場合の再度の取得～

　1歳到達日後の育児休業は特別な事情がある場合は再度取得できるということですが、具体的にはどういうケースが考えられるのでしょうか。

第1子の育児休業中に第2子の妊娠等で産前産後休業を取得したために育児休業が終了した場合で、その後第2子が死亡してしまったケースなどが考えられるよ。

⑴1歳到達日後の育児休業の改正

　育児休業の期間は原則として子が1歳に達する日までですが、①子が1歳（1歳6か月～2歳の休業の場合は1歳6か月）に達する日において労働者本人またはその配偶者が育児休業をしており、②子が1歳に達した後も保育園に入れない等の事情がある場合は、1歳（パパ・ママ育休プラスの場合は1歳2か月。以下同じ。）から1歳6か月まで、1歳6か月の時点でも事情が解消しないときは、さらに1歳6か月から2歳まで休業期間の延長が可能です。

改正前は、子が1歳到達日後の育児休業（1歳〜1歳6か月、1歳6か月〜2歳の休業）について、取得できる回数や、特別な事情が生じた場合の再度の申出についての明確な定めがありませんが、改正後は、取得できる回数を原則として1回と定めるとともに、特別な事情がある場合は、以下の取扱いができることとされました。

①1歳に達する日（1歳6か月〜2歳の休業の場合は1歳6か月に達する日）において労働者またはその配偶者が育児休業をしていない場合でも1歳到達日後の育児休業が取得できます。

②1歳到達日後の育児休業が終了した後でも、再度育児休業を申し出ることができます。

(2)「特別な事情」とは

　前述の「特別な事情」とは、次の①〜③のとおりです。

①新たな産前産後休業期間が始まったことにより育児休業が終了した場合で、産前産後休業にかかる子が次のいずれかに該当したとき

　ⓐ死亡したこと

　ⓑ子が他人の養子となったこと等の事情により、同居しないこととなったこと

②新たな育児休業期間または出生時育児休業期間が始まったことにより育児休業が終了した場合で、新たな育児休業または出生時育児休業にかかる子が次のいずれかに該当したとき

　ⓐ死亡したこと

　ⓑ子が他人の養子となったこと等の事情により、同居しないこととなったこと

　ⓒ特別養子縁組の不成立、養子縁組里親への委託の措置の解除

③新たな介護休業期間が始まったことにより育児休業が終了した場合で、対象家族が死亡したときまたは離婚、婚姻の取消し、離縁

等により介護休業の対象家族との親族関係が消滅したとき

⑶改正により適用が想定されるケース

改正により、適用が想定される具体的なケースを見てみましょう。

ケース1

第1子の育児休業期間中に第2子の産前産後休業が始まったために、1歳に到達する前に第1子の育児休業が終了した場合で、その後第2子が死亡したため、第1子について、1歳到達日以降に再び育児休業を取得する場合

→1歳の時点で育児休業をしていない場合でも、1歳到達日後の休業を取得可能。上記⑵①に該当

ケース2

第1子の1歳〜1歳6か月の休業期間中に第2子の出生時育児休業期間が始まったために、1歳〜1歳6か月の休業が終了した場合で、その後第2子が死亡したため、第1子の1歳〜1歳6か月の残りの期間について再度育児休業を取得する場合

→1歳到達日後の育児休業が終了した場合でも、2回目の取得が可能。上記⑵②に該当

ポイント

　1歳到達日後の育児休業は特別な事情がある場合、以下の取扱いが可能となる。

①1歳に達する日（1歳6か月〜2歳の休業の場合は1歳6か月に達する日）において労働者またはその配偶者が育児休業をしていない場合でも1歳到達日後の育児休業の取得が可能

②1歳到達日後の育児休業が新たな産前産後休業、育児休業、出生時育児休業、介護休業の取得により終了した後でも、再度の

申出可

8 1歳到達日後の育児休業〜休業開始日の柔軟化〜

 1歳到達日後の育児休業については、休業開始日が柔軟に設定できるようになるのですね。

改正前は開始日が限定されていたけど、夫婦交代であれば期間中の任意の時期から開始できるようになるんだ。

(1) 1歳到達日後の育児休業開始日の柔軟化

　1歳到達日後の育児休業の開始日について、改正前は、1歳〜1歳6か月の休業は子が1歳に達した日の翌日、1歳6か月〜2歳の休業は子が1歳6か月に達した日の翌日に限定されているため、夫婦交代で育児休業を取得する場合、その交代できる時期が限定されてしまうという問題がありました。

　改正後は、原則の開始日は現行のままとしつつ、配偶者が育児休業をしている場合は、「配偶者の育児休業終了予定日の翌日以前の日」を開始予定日とすることができるようになります。

(2) 夫婦交代の取得例

　休業開始日の具体的な例を見てみましょう。たとえば、出生日が11月5日で1歳までの休業を母親が取得中であったとします。その後1歳に達した時点で保育園に入所できない等の事情により、1歳〜1歳6か月の休業を取得する場合、改正前の休業開始日は11月5日

に限定されているため、父親が11月5日から11月末日までは仕事の都合で休業を取得するのが難しいというような場合、父親は1歳〜1歳6か月の休業を取得できませんが、改正後は、母親が11月5日から末日まで取得して、父親は12月1日を開始日とする1歳〜1歳6か月の休業を取得することが可能です。

なお、休業開始日は「配偶者の育児休業終了予定日の翌日以前の日」とされていますので、父母の休業期間が重複するケースも考えられます。たとえば前述の事例では、母親が11月5日から12月10日とする一方で、父親は12月1日を開始日とすることも可能です（重複期間12月1日から12月10日）。

ポイント

1歳到達日後の育児休業の開始日は、改正により、子が1歳に達した日の翌日（1歳6か月〜2歳の育児休業は子が1歳6か月に達した日の翌日）のほか、配偶者が育児休業をしている場合は、「配偶者の育児休業終了予定日の翌日以前の日」を開始予定日とすることができる。

Q 夫婦交代での取得の場合、どのように従業員の配偶者の休業日を確認するのですか。

A 確認方法について特に決まりはありませんが、配偶者の育児休業申出書の写しや申出に対する事業主の通知等の写しなどを提出してもらうことなどが考えられます。

※ なお、本章のQ&Aの一部は、厚生労働省「令和3年改正育児・介護休業法に関するQ&A（令和3年11月30日時点）」を参考に、一部加工・編集して掲載しています。

9 不利益取扱いの禁止、改正後、気をつけなければならないことは？

 不利益取扱いは育児・介護休業法で禁止されていますが、改正後、どんなことに気をつければよいでしょうか。

今回の改正では、育児休業と同様、出生時育児休業についても休業の申出をしたこと等を理由として不利益な取扱いをしてはならないこととされたよ。そのほかにも、出生時育児休業の就業の申出に関しても不利益な取扱いが禁止される事項が定められたんだ。

⑴不利益な取扱いの禁止

　育児・介護休業法では、育児休業、介護休業、子の看護・介護休暇その他法律に定める制度の申出または請求をしたことや、休業・休暇の取得をしたこと等を理由として不利益な取扱いをしてはならないこととされています。今回の改正により新たに創設された出生時育児休業に関し、不利益な取扱いが禁止される事由は、以下のとおりです。

　①出生時育児休業の申出をし、または出生時育児休業をしたこと

　②休業中の就業を希望する旨の申出をしなかったこと

　③休業中に就業を希望する旨の申出が事業主の意に反する内容であったこと

　④休業中の就業の申出にかかる就業可能日等の変更をしたことまたは当該申出の撤回をしたこと

　⑤休業中の就業にかかる事業主からの提示に対して同意をしなかったこと

　⑥休業中の就業にかかる事業主との同意の全部または一部の撤回を
　　したこと

　①については出生時育児休業の申出をしたことによる不利益な取扱
いを禁止するものですが、②〜⑥については、休業期間中の就業に関
する事項です。このため、出生時育児休業の場合は特に、事業主の意
に反して就業の申出をしなかったり、申出の内容が事業主の希望通り
でなかった場合に、不利益な取扱いをすることは禁止されていること
に留意しましょう。

⑵不利益な取扱いとは

　それでは不利益な取扱いとはどのような取扱いを指すのか確認して
おきましょう。育児休業または出生時育児休業等を申し出たこと、ま
たは取得したこと等に対して、また、出生時育児休業の就業の申出等
に関し、下記のような取扱いは禁止されています。

　①解雇すること

　②期間雇用者を雇止めすること

　③あらかじめ明示されている契約の更新回数を引き下げること

　④退職または正社員→パートタイム労働者への転換等、労働契約内
　　容の変更の強要を行うこと

　⑤自宅待機を命ずること

　⑥労働者が希望する期間を超えて、その意に反して所定外労働の制
　　限、時間外労働の制限、深夜業の制限または所定労働時間の短縮
　　措置等を適用すること

　⑦降格させること

　⑧減給をし、または賞与等において不利益な算定を行うこと

　⑨昇進・昇格の人事考課において不利益な評価を行うこと

　⑩不利益な配置の変更を行うこと

⑪就業環境を害すること

ポイント

出生時育児休業に関し、以下の事項に対する不利益な取扱いは禁止される
①出生時育児休業の申出をし、または出生時育児休業をしたこと
②休業中の就業を希望する旨の申出をしなかったこと
③休業中に就業を希望する旨の申出が事業主の意に反する内容であったこと
④休業中の就業の申出にかかる就業可能日等の変更をしたことまたは当該申出の撤回をしたこと
⑤休業中の就業にかかる事業主からの提示に対して同意をしなかったこと
⑥休業中の就業にかかる事業主との同意の全部または一部の撤回をしたこと

第**4**節 休業期間中の社会保険の手続き

1 出生時育児休業中も社会保険料は免除される？

> 出生時育児休業は新しい制度ですが、育児休業と同じように社会保険料は免除されますか？

> 出生時育児休業期間中も基本的に社会保険料は免除されるよ。でも短期間の休業の場合は免除されない場合もあるから注意しないとね。

⑴出生時育児休業期間中の社会保険料の免除

　育児休業と同様、出生時育児休業の期間中は、申出をすれば社会保険料（健康保険料と厚生年金保険料）が免除されます。申出手続きは、「育児休業等取得者申出書（新規・延長）／終了届」に必要事項を記入して、日本年金機構に提出します。健康保険組合に加入している場合は、健康保険組合にも提出が必要です。

⑵出生時育児休業、育児休業中の社会保険料免除の留意点

　社会保険料の免除については、健康保険法および厚生年金保険法の改正により、2022年10月1日以降は月の末日時点で休業をしているか、14日以上の期間がなければ免除の対象とはなりません（改正の概要は第1章「関連する法改正（健康保険法、厚生年金保険法）（31ページ）」参照）。このため、たとえば休業期間が14日未満で月の末日が含まれ

ない場合など休業が短期間の場合、保険料免除の要件を満たさない
ケースが想定されます。出生時育児休業は分割して取得することが可
能ですが、その取得の都度、保険料の免除対象となるか否かに注意し、
免除の対象とならない場合は本人に伝えておくようにしましょう。な
お、同月内の短期間の休業の取得については通算して14日以上であ
れば保険料免除の対象となります。

　また、賞与については、1か月超の休業の場合のみ保険料が免除さ
れますので、4週間（28日間）の取得が限度の出生時育児休業のみ
取得する場合は、基本的に毎月の給与から徴収される保険料は免除さ
れても、期間内に支給された賞与の保険料は免除されません。

⑶育児休業中の賞与の保険料免除に注意

　育児休業中の社会保険料免除に関しては、前述の健康保険法および
厚生年金保険法の改正前後で取扱いが異なるケースが生じるため注意
が必要です。特に賞与の保険料については、休業期間によって、月例
給与の社会保険料は免除されても賞与の保険料が免除されないケース
がありますので、育児休業者については、賞与計算時等は免除要件に
該当するかよく確認しておきましょう。改正前後の育児休業中の社会
保険料免除については、図表2を参照してください（図表2）。

　保険料免除の申出に関しては、書式等の変更があるか否かも含め本
稿執筆時点では明らかになっていない部分がありますので、今後日本
年金機構、健康保険組合からの情報等により実務の内容を確認する必
要があります。

■図表2　改正前後の育児休業中の保険料の免除

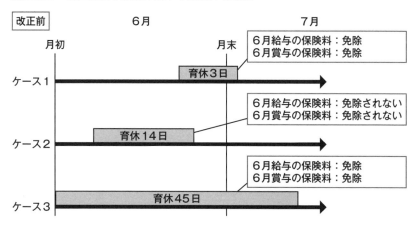

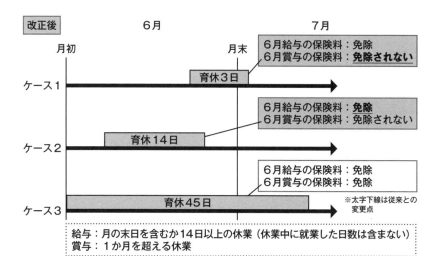

ポイント

①出生時育児休業期間中も社会保険料は免除される

②短期間の休業は社会保険料免除の要件を満たさないケースがあるため、事前の確認が必要

③法改正により、月例給与の保険料が免除される場合でも、賞与

の保険料が免除されないケースに特に注意が必要

2 出生時育児休業中も雇用保険の給付金は支給される？

育児休業期間は雇用保険の育児休業給付金が支給されますが、出生時育児休業期間中も支給されますか？

新しく「出生時育児休業給付金」という給付が受けられるようになるんだ。給付内容は育児休業給付金とほぼ同じだよ。

⑴出生時育児休業給付金の創設

　育児・介護休業法の改正により出生時育児休業の制度が創設されたことに伴い、2022年10月1日以降、雇用保険の育児休業給付に新たに「出生時育児休業給付金」が追加されます。

⑵出生時育児休業給付金の概要

　出生時育児給付金の概要は育児休業給付金とほぼ同じですが、休業期間が育児休業より短いため、手続き方法が異なります。制度の概要は次の①～④のとおりです。

①支給要件

　出生時育児休業給付金が支給される要件は、育児休業給付金と同様、原則として「出生時育児休業開始日（分割して取得する場合は、初回の休業開始日）前2年間にみなし被保険者期間が12か月以上あること」

です。この「前2年間」に次のいずれかの事由により引き続き30日以上賃金の支払いを受けなかった場合は、その間の日数を2年間に加算できます（最大4年まで）。

　　ⓐ疾病・負傷

　　ⓑ出産

　　ⓒ事業所の休業

　　ⓓ事業主の命による外国における勤務

　　ⓔ国と民間企業との間の人事交流に関する法律第2条第4項第2号
　　　に該当する交流採用

　　ⓕ前各号に掲げる理由に準ずる理由であって、公共職業安定所長が
　　　やむを得ないと認めるもの

　なお、育児休業給付金において加算できる期間は、上記のうちⓐ～ⓒおよびⓕのみでしたが、2022年10月1日施行の省令改正によりⓓとⓔが追加されました（「育児休業給付金、2022年10月1日以降変わる点は？（98ページ）」参照）。

②支給回数

　出生時育児休業が分割取得できることを踏まえ、2回分（合計28日）まで支給されます。したがって、3回目以降の休業を取得したとしても給付金は支給されません。

③出生時育児休業給付金の額

　出生時育児休業給付金の額は、出生時育児休業前6か月間の賃金を180で除して算出した「休業開始時賃金日額」をもとに下記の算式により算出します。

【出生時育児休業給付金の支給額】
休業開始時賃金日額×支給日数×支給率67%

「支給日数」については、出生時育児休業を取得した日数の合計です。育児休業給付のような「支給単位期間（原則として30日）」ではないので留意してください。なお、支給率は、育児休業の開始後6か月間の支給率と同じです。

④支給申請

支給申請は、2回に分割した場合でも子の出生後8週間経過後にまとめて1回で行います。具体的には「子の出生の日から起算して8週間を経過する日の翌日」から「2か月を経過する日の属する月の末日」までに申請を行うこととされます。たとえば5月10日が対象期間の最後の日であったとすると、7月末日までに申請を行う必要があります。申請時期が到来したら速やかに手続きを行うようにしましょう。出生時育児休業給付金の手続きは、次の書類に必要事項を記入して管轄のハローワークに提出することにより行います。

・育児休業給付受給資格確認票・出生時育児休業給付金支給申請書
・雇用保険被保険者　休業開始時賃金月額証明書
・添付書類（母子手帳のコピー、賃金台帳、出勤簿等）

なお、書式は本稿執筆時点ではまだ公表されていません。改正法施行までに手続きの詳細などが明らかになると考えられるため、今後公表される情報に留意しましょう。

ポイント

①出生時育児休業期間中は「出生時育児休業給付金」が支給される

②出生時育児休業給付金の概要
・支給要件
出生時育児休業開始日（分割して取得する場合は、初回の休業開始日）前2年間にみなし被保険者期間が12か月以上ある

こと

・支給回数

2回まで支給される

・支給額

休業開始時賃金日額×支給日数×支給率67％

・支給申請

「子の出生の日から起算して8週間を経過する日の翌日」から「2か月を経過する日の属する月の末日」までに申請

3 出生時育児休業給付金は就業した場合はどうなる？

出生時育児休業期間中は期間中の所定労働日の半分まで就業できますよね。その場合でも出生時育児休業給付金は受給できるのでしょうか。

出生時育児休業給付金は一定日数以上働くと受けられないよ。

では、育児・介護休業法に決められた範囲内で取得しても給付が受けられないケースがあるということですね。就業日数に気をつけなくちゃ…。

休業期間中に支払われた賃金額によっては給付金が減額される場合もあるんだ。就業日数を考える上で大事なことだから、個別周知のときに伝えておかないとね。

(1)出生時育児休業期間中に就業した場合

出生時育児休業給付金は、就業の日数や支払われた賃金額によっては、給付金が支給されなかったり、一部減額される場合があります。就業日数を決定するにあたっては留意が必要です。

(2)就業の日数による給付の制限

出生時育児休業給付金は、就業した日数が以下の日数を超える場合は支給されません。

①休業日数の合計が28日の場合

10日（10日を超える場合は80時間）

②休業日数の合計が28日未満の場合

10日×休業日数÷28日（1日未満の端数は切り上げる）

上記日数を超える場合は80時間×休業日数÷28日

(3)賃金が支払われた場合の調整

賃金が支払われた場合の出生時育児休業給付金の調整は、現行の育児休業給付金の仕組みと同じです。

出生時育児休業期間中に支払われた賃金額が休業開始時賃金日額に支給日数を乗じた額の13％以下の場合は、給付金は減額されません（全額支給）。一方、13％超80％未満の場合は、休業開始時賃金日額に支給日数を乗じた額の80％から賃金額を差し引いた差額となり、80％以上となる場合は、給付金は支給されません（図表3）。

■図表3　賃金が支払われた場合の出生時育児休業給付金の調整

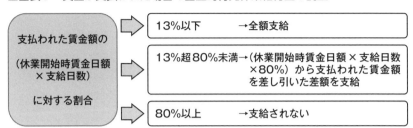

支払われた賃金額の
（休業開始時賃金日額
×支給日数）
に対する割合

13％以下　　→全額支給

13％超80％未満→（休業開始時賃金日額×支給日数
×80％）から支払われた賃金額
を差し引いた差額を支給

80％以上　　→支給されない

⑷個別周知の記載事項

　妊娠・出産の申出があった場合の個別周知の内容については「個別周知する内容（50ページ）」で述べましたが、個別周知の記載事項には、「雇用保険の育児休業給付に関すること」が含まれています。これに関し、改正育介指針では、出生時育児休業中の就業の仕組みについて知らせる際には、「育児休業給付及び育児休業期間中の社会保険料免除について、休業中の就業日数によってはその要件を満たさなくなる可能性があることについても併せて説明するよう留意すること」とされているため、2022年10月1日以降の個別周知の内容には、これらの内容も盛り込む必要があります。

ポイント

出生時育児休業期間中に就業した場合の給付金
①就業日数が以下の日数を超える場合は支給されない
　・休業日数の合計が28日の場合
　　→10日（10日を超える場合は80時間）
　・休業日数の合計が28日未満の場合
　　→10日×休業日数÷28日
　　　（上記日数を超える場合は80時間×休業日数÷28日）

②休業期間中に支払われた賃金額の（休業開始時賃金日額×支給
　日数）の額に対する割合により減額または不支給となる

　　13％以下　　　→全額支給

　　13％超80％未満→（休業開始時賃金日額×支給日数×80％）
　　　　　　　　　　の額から賃金額を差し引いた差額

　　80％以上　　　→支給されない

4 育児休業給付金、2022年10月1日以降変わる点は？

 育児休業が分割取得できるようになったら、育児休業給付金も2回受給できるようになるでしょうか。

うん。2回の取得までは受給できるようになるよ。3回目は原則として支給されないから気をつけないとね。

 そうすると、分割取得で2回取得した後に、1歳到達日後の育児休業を取得したら3回目になって支給されないということになりますか？

大丈夫。1歳到達日後の休業は、3回目でも支給される例外的な事由として定められているから、その間もちゃんと受給できるよ。

(1)育児休業給付金の改正

　育児休業が分割取得できるようになる等の改正に伴い、育児休業給付金も改正されます。改正内容の詳細は、以下のとおりです。

①支給要件

　育児休業給付金の支給要件は、みなし被保険者期間（休業開始日前2年間に賃金支払基礎日数が11日以上ある月）が12か月以上あることですが、この「前2年間」に疾病・負傷等により引き続き30日以上賃金の支払いを受けなかった場合は、その間の日数を2年間に加算できます（最大4年まで）。今回、改正雇用保険法施行規則により、2年間に加算できる期間として、以下の⒟「外国における勤務期間」と⒠「国と民間の交流採用の期間」が追加されました（2022年10月1日施行）。改正後における、2年間に当該期間を加算できる理由は、次のとおりです。

　　⒜疾病・負傷

　　⒝出産

　　⒞事業所の休業

　　⒟事業主の命による外国における勤務

　　⒠国と民間企業との間の人事交流に関する法律第2条第4項第2号に該当する交流採用

　　⒡前各号に掲げる理由に準ずる理由であって、公共職業安定所長がやむを得ないと認めるもの

②支給回数

　改正法では、1歳に達するまでの子の育児休業が2回まで分割して取得できることを受け、育児休業給付金も2回まで支給されることになります。分割して取得する場合、みなし被保険者期間の支給要件の確認（休業開始日前2年間に賃金支払基礎日数が11日以上ある月が12か月以上あること）および休業開始時賃金日額（休業開始前6か

月間の賃金を180で除した額）の算出については初回の育児休業時のみ行います。つまり、2回取得したとしても、休業開始時賃金日額はあくまで最初の育児休業時の金額を用いて算出されるわけです。なお、この2回には出生時育児休業給付金の支給回数はカウントされません。

　3回目の給付は原則として支給されませんが、子が1歳に達するまでの育児休業を分割で2回取得した後に1歳到達日後の育児休業を取得するとき等、例外的に3回目の給付が受けられる事由が定められました。具体的な事由は次のとおりです。

【1歳までの育児休業についての例外的な事由】

　ⓐ新たな産前産後休業期間が始まったことにより育児休業が終了した場合で、産前産後休業にかかる子が次のいずれかに該当したとき
　　　イ　死亡したこと
　　　ロ　子が他人の養子となったこと等の事情により、同居しないこととなったこと
　ⓑ新たな育児休業期間が始まったことにより育児休業が終了した場合で、新たな育児休業にかかる子が次のいずれかに該当したとき
　　　イ　死亡したこと
　　　ロ　子が他人の養子となったこと等の事情により、同居しないこととなったこと
　　　ハ　特別養子縁組の不成立、養子縁組里親への委託の措置の解除
　ⓒ新たな介護休業期間が始まったことにより育児休業が終了した場合で、対象家族が死亡したときまたは離婚、婚姻の取消し、離縁等により介護休業の対象家族との親族関係が消滅したとき
　ⓓ配偶者の死亡
　ⓔ配偶者が負傷、疾病、身体上・精神上の障害により子を養育することが困難な状態になった場合
　ⓕ婚姻の解消その他の事情により配偶者が子と同居しないことと

　なった場合

ⓖ育児休業の申出にかかる子が、負傷、疾病、身体上・精神上の障
　害により、2週間以上の期間にわたり世話を必要とする状態に
　なった場合

ⓗ育児休業の申出にかかる子について、保育所等に申込みを行って
　いるが、当面保育の利用ができないとき

【1歳到達日後の育児休業についての例外的な事由】

ⓐその養育する子が1歳～1歳6か月、1歳6か月～2歳の期間に
　おいて、それぞれ当該期間中に初めて育児休業を開始する場合

ⓑその養育する子が1歳～1歳6か月、1歳6か月～2歳の期間に
　おいて、「1歳までの育児休業についての例外的な事由」のⓐ～
　ⓒに該当する場合

③支給率67％となる期間

　育児休業給付金は、休業日数が通算して180日までは支給率が
67％、その後は50％になりますが、出生時育児休業給付金が創設さ
れる2022年10月1日以降は、出生時育児休業給付金を受けた場合、
その日数も通算して180日までが67％とされます。

ポイント

育児休業給付金の改正

①支給要件

　休業開始日前2年間に加算できる期間として、外国における勤
務と、国と民間の交流採用を追加。

②支給回数は2回まで。3回目は例外的な事由に該当する場合のみ。

③支給率67％となる期間（180日）の算定にあたっては、出生時
　育児休業給付金も通算される。

第5節 職場復帰後

　ここからは職場復帰後の制度について見ていきます。これらの制度については、2022年4月・10月施行の育児・介護休業法の改正による制度の変更はありません。

1 職場復帰後の休暇制度は？

職場復帰後に利用できる子育てのための休暇制度としては子の看護休暇の制度がありますね。

そうだね。2021年1月から時間単位で取得できるようになっているから、男性にも活用してほしいね。

⑴子の看護休暇

　子の看護休暇は、①負傷し、または疾病にかかった子の世話および②子の予防接種または健康診断のために取得できる休暇です。

①対象労働者

　子の看護休暇の対象労働者は、原則として小学校就学の始期に達するまでの子を養育するすべての労働者（日々雇用される者を除きます）です。対象労働者から子の看護休暇の取得の申出があった場合、事業主は申出を拒否することはできません。ただし例外として、労使協定の締結により、以下の労働者は対象外とすることができます。

・事業主に引き続き雇用された期間が6か月未満の者

・週の所定労働日数が２日以下の者

・時間単位で休暇を取得することが困難と認められる業務に従事する者（時間単位の取得のみ対象外とするもの。後述③ⓐ参照。）

②子の看護休暇の日数

　対象労働者は、１年度に５労働日（子が２人以上の場合は10労働日）を限度として子の看護休暇を取得することができます。この「１年度」とは、事業主が就業規則等で別の定めをしない限りは、４月１日から３月31日までの１年度です。なお、子の看護休暇を取得した日については、賃金の支払義務はないため、無給として差し支えありません。

③時間単位の取得

　子の看護休暇の取得は、「日単位」または「時間単位」で取得することとされています。従来、「日単位」または「半日単位」で取得することとされていましたが、育児・介護休業法施行規則の改正により、時間単位で取得することが可能となり、より柔軟に利用することができるようになりました（2021年１月１日施行）。時間単位の取得の概要は以下のとおりです。

ⓐ時間単位の取得の対象労働者

　時間単位の休暇の対象労働者は、原則として日単位での子の看護休暇の対象労働者と同じです。ただし、業務の性質もしくは実施体制に照らして、時間単位で取得することが困難な業務に従事する労働者は、労使協定を締結することにより時間単位の取得の対象外とすることが可能です。「時間単位で取得することが困難な業務」について法令による定めはありませんが、育介指針では、「国際線の客室乗務員」、「長時間の移動を要する業務」、「流れ作業方式や交替制勤務」等の業務が例示されています。

ⓑ時間単位の取得における「時間」

　時間単位の取得における「時間」とは１時間の整数倍の時間をいい、

労働者の希望する時間数で取得できるようにすることが必要です。したがって、取得する単位を「２時間単位」のみの取得しか認めないとすることは適切でないとされています。

　また、時間単位の取得は、始業の時刻から連続し、または終業の時刻まで連続するものとされています。たとえば、始業から１時間取得して子を病院に連れていき、予防接種を受けさせた後に出社するケースや、夕方から２時間取得して子を病院に連れていくケースなどが考えられます。なお、子の看護休暇では、所定の就業時間の途中で数時間取得した後に職場に戻って就業するといった、いわゆる「中抜け」は想定されていません。ただし、育介指針では、労働者の勤務状況や家族の状況に応じて「中抜け」の取得を認めるなどの配慮をすることを事業主に求めています。

ⓒ時間単位で取得する場合の「１日分」の時間数

　時間単位で取得する場合、何時間分を「１日分」とするかについては、各労働者の「所定労働時間数」とされており、所定労働時間数に１時間に満たない端数がある場合は、端数を１時間に切り上げた時間数となります。たとえば、所定労働時間が７時間30分である労働者の場合は、８時間の取得で１日分となります。

　所定労働時間が日によって異なる場合は、１年間における１日平均所定労働時間数となります。ただし、１年間の総所定労働時間数が決まっていないために年間の平均所定労働時間数が算出できない場合は所定労働時間が決まっている期間における１日平均所定労働時間数となります。また、変形労働時間制を採用している場合は、変形期間における１日平均所定労働時間数が１日分の時間数となります。

　なお、短時間勤務制度を利用するなど年度の途中で所定労働時間が変更になる場合、「１日分の時間数」は、変更後の所定労働時間数となります。

④子の看護休暇の請求

　子の看護休暇は、次の事項を明らかにして申出をする必要があります。

　ⓐ労働者の氏名

　ⓑ申出にかかる子の氏名および生年月日

　ⓒ子の看護休暇を取得する年月日（時間単位で取得する場合は開始および終了の時刻も申出が必要）

　ⓓ申出にかかる子が負傷し、もしくは疾病にかかっている事実、または疾病の予防を図るために必要な世話を行う旨

　事業主は申出を受けるにあたって、事実を証明する書類の提出（医療機関等の領収書や市町村からの健康診断の通知の写し等）を求めることができます。ただし、証明書類を提出しなかったからといって休暇を取得させないことはできません。

　なお、事前に書面により申し出ることを原則とする場合でも、子の看護休暇は必ずしも書面による申出が必要とされておらず、また子の疾病等急を要する場合も少なくないことから、育介施行通達により、休暇当日の電話等による申出も可能とし、書面の提出は後日でもよいこととすべきとされています。

ポイント

> 子の看護休暇の概要
> ①以下の目的で取得できる休暇
> 　・負傷し、または疾病にかかった子の世話
> 　・子の予防接種または健康診断のために取得できる休暇
> ②小学校就学の始期に達するまでの子を養育する労働者が対象
> ③1年度に5労働日（子が2人以上の場合は10労働日）まで取得可

子育てのために所定外労働や時間外労働を制限する制度もありますね。男性が利用する際に気をつけることはあるでしょうか。

今までは連続して最大限制度を利用することが多かったけど、今後は夫婦で交代して請求するなど、請求期間が短いケースも出てくるかもしれないね。1回につき請求できる期間を確認しておこう。

⑴子育てのための所定外労働等を制限する制度

　育児・介護休業法では、養育する子の年齢により、所定外労働、時間外労働、深夜業の制限の請求ができます。

①所定外労働の制限

　所定外労働の制限とは、3歳に満たない子を養育する労働者から請求があった場合、所定労働時間を超える時間の労働（いわゆる残業）をさせないこととする制度です。

ⓐ所定外労働の制限の対象労働者

　所定外労働の制限の対象となるのは、原則として3歳に満たない子を養育するすべての労働者（日々雇用される者を除きます）です。例外として、労使協定の締結により、以下の労働者は対象外とすることができます。

　　・事業主に引き続き雇用された期間が1年未満の者
　　・週の所定労働日数が2日以下の者

ⓑ所定外労働の制限の期間

　所定外労働の制限が適用される期間は、子が3歳に達するまでの間で、労働者が請求した期間です。なお、この期間は時間外労働の制限（後述②参照）期間と重複しないようにしなければなりません。

ⓒ所定外労働の制限の請求・回数

　所定外労働の制限の適用を受けようとする労働者は、制限開始を予定する日の1か月前までに、開始する日と終了する日を明らかにして書面等で事業主に請求する必要があります。請求できる期間は1回につき、1か月以上1年以内の期間とされています。請求の回数の制限はありませんので、ひとつの制限期間が終了した後に引き続き制限の請求をすることや、制限期間終了後に一定期間を空けて、再度の請求をすることも可能です。

②時間外労働の制限

　時間外労働の制限は、小学校就学始期に達するまでの子を養育する労働者から請求があった場合、法定労働時間を超える時間外労働を一定の時間内に制限する制度です。

ⓐ時間外労働の制限の対象労働者

　時間外労働の制限の対象となるのは、原則として小学校就学始期に達するまでの子（未就学児）を養育するすべての労働者（日々雇用される者を除きます）です。ただし、以下の労働者は時間外労働の制限の請求はできません。労使協定により対象外とされるのではなく、法律上対象外とされている点に注意が必要です。なお、これらの労働者から時間外労働の制限の請求があった場合に、その請求を認めることは法律を上回る措置であり、差し支えありません。

　　・事業主に引き続き雇用された期間が1年未満の者

　　・週の所定労働日数が2日以下の者

ⓑ時間外労働の制限の期間

　時間外労働の制限が適用される期間は、子が小学校就学始期に達す

るまでの間で、労働者が請求した期間です。なお、この期間は①所定外労働の制限期間と重複しないようにしなければなりません。

© 時間外労働の制限時間

　時間外労働の制限の請求があった場合、事業主は、請求のあった労働者の時間外労働を、１か月について24時間、１年について150時間以内とする必要があります。ここでいう「時間外労働」とはあくまで労働基準法上の法定労働時間（通常の労働時間制度の場合は１日８時間、週40時間）を超える労働時間です。たとえば、所定労働時間が７時間の会社において１時間残業させたとしても、法定労働時間の枠内におさまっていますので、時間外労働の時間数とはなりません。変形労働時間制やフレックスタイム制を採用している場合は、各制度における法定労働時間を超える時間のみが対象です。

ⓓ 時間外労働の制限の請求・回数

　時間外労働の制限の適用を受けようとする労働者は、制限開始を予定する日の１か月前までに、開始する日と終了する日を明らかにして書面等で事業主に請求する必要があります。請求できる期間は１回につき、１か月以上１年以内の期間とされています。請求の回数の制限はありませんので、ひとつの制限期間が終了した後に引き続き制限の請求をすることや、制限期間終了後に一定期間を空けて、再度の請求をすることも可能です。この点は、①所定外労働の制限と同じです。

③深夜業の制限

　深夜業の制限は、小学校就学始期に達するまでの子を養育する労働者から請求があった場合、深夜業（午後10時〜午前５時の間の労働）をさせないこととする制度です。

ⓐ 深夜業の制限の対象労働者

　深夜業の制限の対象となるのは、小学校就学始期に達するまでの子を養育する労働者（日々雇用される者を除きます）です。ただし、以

下の労働者は深夜業の制限の請求はできません。

- 事業主に引き続き雇用された期間が１年未満の者
- 常態として深夜に子を保育できる、次のいずれかに該当する16歳以上の同居の家族がいる者

    イ　深夜に就業していない（深夜の就業日数が１か月について３日以下の者を含む）

    ロ　負傷、疾病、身体上・精神上の障害により、子を保育することが困難な状態でない

    ハ　６週間（多胎妊娠の場合は14週間）以内に出産する予定であるか、または産後８週間を経過していない者でないこと

- １週間の所定労働日数が２日以下の者
- 所定労働時間の全部が深夜にある者

ⓑ深夜業の制限の期間

深夜業の制限が適用される期間は、子が小学校就学始期に達するまでの間で、労働者が請求した期間です。

ⓒ深夜業の制限の請求・回数

深夜業の制限の適用を受けようとする労働者は、制限開始を予定する日の１か月前までに、開始する日と終了する日を明らかにして書面等で事業主に請求する必要があります。請求できる期間は１回につき、１か月以上６か月以内の期間とされています。請求の回数の制限はありませんので、ひとつの制限期間が終了した後に引き続き制限の請求をすることや、制限期間終了後に一定期間を空けて、再度の請求をすることも可能です。

⑵男性が各制度を利用する場合

従来、所定外労働の制限、時間外労働の制限、深夜業の制限については、育児休業から復職した女性が取得するケースが多かったのです

が、今後は男性の制度利用も増えるものと考えられます。育児休業を取得後に請求する場合のほか、子の出生直後から利用する可能性もありますが、要件を満たす労働者が制度の利用を請求した場合、事業主は拒否することはできません。請求があった際にハラスメントや不利益取扱い等のトラブルが生じないよう、育児休業だけでなく、これらの制度についても研修等を通じて従業員に周知することが望まれます。

ポイント

子育てのための所定外労働時間等の制限の制度
①所定外労働の制限
　・3歳に満たない子を養育する労働者が対象
　・所定労働時間を超える労働をさせない制度
②時間外労働の制限
　・小学校就学始期までの子を養育する労働者が対象
　・法定労働時間を超える時間外労働を、1か月24時間、1年150時間以内とする制度
③深夜業の制限
　・小学校就学始期までの子を養育する労働者が対象
　・深夜業をさせない制度

3 育児短時間勤務の制度の運用

育児短時間勤務も今後男性の利用が増えるかもしれませんね。

> そうだね。今までは制度を利用するのは女性中心だったけど、今後は男性が子の出生後すぐに利用するようなこともあるかもしれないね。

(1)所定労働時間の短縮措置（育児短時間勤務）

　所定労働時間の短縮措置とは、通常の所定労働時間より短い時間で働くことができる短時間勤務制度をいいます。事業主は、3歳に満たない子を養育する労働者で育児休業をしていない者に対し、短時間勤務制度の措置を講じなければなりません。

①育児短時間勤務の対象労働者

　育児短時間勤務は、3歳に満たない子を養育する労働者（日々雇用される者を除きます）が対象です。ただし、以下の労働者は制度の対象外です。

・1日の所定労働時間が6時間以下の労働者

・労使協定により対象外とした以下の労働者

　　ⓐ事業主に引き続き雇用された期間が1年未満の者

　　ⓑ1週間の所定労働日数が2日以下の者

　　ⓒ業務の性質または実施体制に照らして、育児短時間勤務の制度を適用することが困難と認められる業務に従事する者

　上記ⓒの「業務の性質または実施体制に照らして育児短時間勤務の制度を適用することが困難と認められる業務」について法令による定めはありませんが、育介指針には、①国際線の客室乗務員、②労働者数が少ない事業所において、その業務に従事できる労働者数が著しく少ない業務、③流れ作業方式または交替制勤務による製造業務で短時間勤務者を勤務体制に組み込むことが困難な業務、④個人ごとに担当する企業、地域等が厳密に分担されていて、他の労働者では代替が困

難な営業業務が例示されています。

②育児短時間勤務の時間

育児短時間勤務の制度は、1日の所定労働時間を6時間とする措置を含むものとしなければなりません。この場合、短縮後の所定労働時間について5時間45分から6時間までとすることは許容されます。これは、所定労働時間が7時間45分の事業所が短縮後の所定労働時間を5時間45分とすることなどを考慮したものです。

1日の所定労働時間を6時間とする措置を講じた上で、他の所定労働時間（例：5時間、7時間など）を労働者が選択できるようにすることや、所定労働日数を短縮する措置をあわせて講じることは差し支えありません。

③育児短時間勤務の申請手続き

育児短時間勤務の手続きについては、法令に定めがありませんので、事業主が定めることが可能です。たとえば、申出の期限や適用期間について、育児休業等に準じた制度とすることが考えられます。

④代替措置

事業主は、業務の性質または実施体制に照らして、育児短時間勤務の制度を適用することが困難であるとして労使協定で育児短時間勤務の対象外とされた労働者に対し、次のいずれかの措置を講じる必要があります。

・フレックスタイム制（労働基準法32条の3）
・始業または終業の時刻を繰り上げまたは繰り下げる制度（時差出勤の制度）
・労働者の3歳に満たない子にかかる保育施設の設置運営その他これに準ずる便宜の供与（ベビーシッターの手配等）を行うこと

ポイント

所定労働時間の短縮措置（育児短時間勤務の概要）

①３歳に満たない子を養育する労働者

②原則として１日の所定労働時間を６時間とする措置

③育児短時間勤務の制度を適用することが困難であるとして労使協定で育児短時間勤務の対象外とされた労働者に対し、代替措置を設ける必要あり。

4 職場復帰後の社会保険の手続き

出生時育児休業や育児休業が終了した後はどのような社会保険手続きをする必要がありますか。

育児休業等終了時改定の手続きと、養育期間の標準報酬月額のみなし措置に注意する必要があるよ。

⑴育児休業等終了時改定

　健康保険・厚生年金保険の標準報酬月額の改定は、定時決定[※3]および随時改定[※4]の時期に限られています。したがって、育児休業等（育児休業および育児休業に準ずる休業。以下同じ）から復帰後に短時間勤務等を行うなどして報酬が下がっても、随時改定や定時決定に該当しない限り、育児休業等を取得する前に就業していた時期の高い標準報酬月額により保険料等を支払うことになります。そこで、育児休業等終了後に一定の要件を満たす場合は、復帰後３か月間の賃金に基づ

き、4か月目から標準報酬月額を改定することができます。

　育児休業等終了時改定は、復帰後3か月間[※5]に支払われた報酬の平均額に基づき、4か月目以降に手続きを行うこととなります。この復帰後4か月目の終了時改定に該当するか否かの確認を忘れないようにしましょう。2022年10月1日以降は、育児・介護休業法の改正により、出生時育児休業者や育児休業の分割取得など、複数回育児休業を取得する労働者も増えることが考えられますので、育児休業等終了時改定については、それぞれの休業について、復帰後4か月目がいつになるか確認を忘れないようにしましょう。

　上記報酬の平均額等を確認した結果、従前の標準報酬月額と1等級以上の差が生じた等、育児休業等終了時改定に該当する場合は、「育児休業等終了時報酬月額変更届」（第3章参照）に所定の事項を記入して日本年金機構（年金事務所）に提出します。健康保険組合に加入している場合は、健康保険組合にも提出が必要です。なお、この届出は、健康保険の給付額に影響しますので、随時改定等と異なり本人の申出が必要です。届出には「申出者欄」がありますので、本人に確認をしてから届出をしましょう。

　　※3　定時決定　毎年9月に行われる標準報酬月額の見直し。原則として4月から6月に支払われた給与の平均額をもとに9月以降の新しい標準報酬月額を決定する。
　　※4　随時改定　固定的賃金の変動があり、その変動月以後3か月間の報酬の平均額に基づく標準報酬月額が従前と比べて2等級以上の差（固定的賃金が上がった場合は2等級以上アップ、下がったときは2等級以上ダウンであること）があるときは、4か月目以降の標準報酬月額を改定する。
　　※5　支払基礎日数が17日未満（特定適用事業所の短時間労働者は11日未満、パートタイム労働者は17日以上の月がない場合は15日未満）の月を除く。

⑵養育期間の従前標準報酬月額のみなし措置

　3歳未満の子を養育している被保険者が、短時間勤務等による報酬の減少のため標準報酬月額が従前より低下した場合に、将来の年金給

付（老齢厚生年金、障害厚生年金、遺族厚生年金）の額に影響がない
よう、従前の高いほうの標準報酬月額とみなして年金給付の額が算出
されるようにする制度です。養育特例の措置を受けるためには、被保
険者の申出が必要です。

　みなし措置の適用を労働者が希望する場合は、「養育期間標準報酬
月額特例申出書・終了届」（第3章参照）を日本年金機構（年金事務所）
に提出することが必要です。提出の際は、戸籍謄（抄）本または戸籍
記載事項証明書（申出者と子の身分関係および子の生年月日を証明で
きるもの）と住民票（提出から90日以内に発行されたもの）の2点
を添付する必要があります※6。

　この申出書は子が出生した直後に提出すれば基本的に子が3歳にな
るまで適用されますが、育児休業に入るといったん養育期間が終了し
ますので、育児休業終了後に再度の提出が必要です。出生時育児休業
や育児休業を分割取得する場合で、みなし措置の適用を希望する場合
は、休業が終了する都度提出することになります。

　※6　マイナンバーを記載した場合、住民票は省略できます。

ポイント

復帰後の社会保険の手続き
①育児休業等終了時改定（該当する場合は届出）
②養育期間の従前標準報酬月額のみなし措置

第 **3** 章

各種手続き

法改正によって見直しが必要となる育児・介護休業規程や社会保険手続きについて、主な変更点と対応すべきポイントを押さえよう

　今回の育児・介護休業法の改正により、育児休業制度が大きく変わるため、諸規程の見直しが必要となります。ここでは、厚生労働省の「育児・介護休業等に関する規則の規定例―〔詳細版〕（令和4年4月1日、10月1日施行対応版）（令和4年3月改訂)」（ケース③ 法に基づき一定範囲の有期契約労働者と労使協定の締結により除外可能な者を除外する例）をもとに、改正後に見直すべき箇所について見ていきます。

I　2022年4月1日施行の改正事項に関する改定

1 有期雇用労働者の育児・介護休業取得要件の緩和

<u>改正前</u>

（育児休業の対象者）

第2条

1　育児のために休業することを希望する従業員（日雇従業員を除く）であって、1歳に満たない子と同居し、養育する者は、この規則に定めるところにより育児休業をすることができる。ただし、有期契約従業員にあっては、申出時点において、次のいずれにも該当する者に限り育児休業をすることができる。

イ　<u>入社1年以上であること。</u>

ロ　子が1歳6か月（本条第5項^{※1}の申出にあっては2歳）に達する日までに労働契約期間が満了し、更新されないことが明らかでないこと。

2　本条第1項、第3項、第4項、第5項^{※2}にかかわらず、労使協定により除外された次の従業員からの休業の申出は拒むことができる。

一　入社1年未満の従業員

二　申出の日から1年（本条第4項及び第5項^{※3}の申出にあっては6か月）以内に雇用関係が終了することが明らかな従業員

三　1週間の所定労働日数が2日以下の従業員

3～5　（略）

※1～3　第3項はパパ・ママ育休プラス、第4項は1歳～1歳6か月の休業、第5項は1歳6か月～2歳の休業

（介護休業の対象者）

第6条

1　要介護状態にある家族を介護する従業員（日雇従業員を除く）は、この規則に定めるところにより介護休業をすることができる。ただし、有期契約従業員にあっては、申出時点において、次のいずれにも該当する者に限り介護休業をすることができる。

イ　入社1年以上であること。

ロ　介護休業を開始しようとする日（以下、「介護休業開始予定日」という。）から93日経過日から6か月を経過する日までに労働契約期間が満了し、更新されないことが明らかでないこと。

2　本条第1項にかかわらず、労使協定により除外された次の従業員からの休業の申出は拒むことができる。

一　入社1年未満の従業員

二　申出の日から93日以内に雇用関係が終了することが明らかな従業員

　三　１週間の所定労働日数が２日以下の従業員

3　（略）

改正後

（育児休業の対象者）

第２条

1　育児のために休業することを希望する従業員（日雇従業員を除く）であって、１歳に満たない子と同居し、養育する者は、この規則に定めるところにより育児休業をすることができる。ただし、<u>有期契約従業員にあっては、申出時点において、子が１歳６か月（本条第６項又は第７項^{※4}の申出にあっては２歳）に達する日までに労働契約期間が満了し、更新されないことが明らかでない者</u>に限り育児休業をすることができる。

2　本条第１項、第３項から第７項^{※5}にかかわらず、労使協定により除外された次の従業員からの休業の申出は拒むことができる。

　一　入社１年未満の従業員

　二　申出の日から１年（本条第４項から第７項^{※6}の申出にあっては６か月）以内に雇用関係が終了することが明らかな従業員

　三　１週間の所定労働日数が２日以下の従業員

3～7　（略）

　　※4～6　第３項はパパ・ママ育休プラス、第４～５項は１歳～１歳６か月の休業、第６～７項は１歳６か月～２歳の休業

（介護休業の対象者）

第10条

1　要介護状態にある家族を介護する従業員（日雇従業員を除く）は、この規則に定めるところにより介護休業をすることができる。ただし、<u>有期契約従業員にあっては、申出時点において、介護休業を開始しようとする日（以下、「介護休業開始予定日」という。）から93日経過日から6か月を経過する日までに労働契約期間が満了し、更新されないことが明らかでない者</u>に限り介護休業をすることができる。

2　本条第1項にかかわらず、労使協定により除外された次の従業員からの休業の申出は拒むことができる。

一　入社1年未満の従業員

二　申出の日から93日以内に雇用関係が終了することが明らかな従業員

三　1週間の所定労働日数が2日以下の従業員

3　（略）

改定のポイント

・今回の改正により、有期雇用労働者の取得要件である「事業主に引き続き雇用された期間が1年以上の者」が廃止されましたので、規程等に育児休業・介護休業等の取得要件として定めている場合は、当該定めの削除が必要となります。規定例では、改正前に2つあった育児休業および介護休業の取得要件のうち、イの「入社1年以上であること」が削除され、改正後は育児休業の場合は「子が1歳6か月（中略）に達する日までに労働契約期間が満了し、更新されないことが明らかでない者」、介護休業の場合は「93日経過日から6か月を経過する日までに

労働契約期間が満了し、更新されないことが明らかでない者」
のみとなっています。

・第2条第2項および第10条第2項における労使協定により対象
外とすることができる労働者の範囲は、改正前後で変更があり
ません。このため、法律上は「入社して1年以上」の要件は削
除されましたが、労使協定により入社1年未満の有期雇用労働
者を引き続き対象外とすることは可能です。

Ⅱ　2022年10月1日施行の改正事項に関する改定

1　育児休業の申出回数とパパ休暇規定の削除

改正前

（育児休業の申出の手続等）

第3条

1　育児休業をすることを希望する従業員は、原則として育児休
業を開始しようとする日（以下「育児休業開始予定日」という。）
の1か月前（第2条第4項及び第5項[※7]に基づく1歳及び1
歳6か月を超える休業の場合は、2週間前）までに育児休業申
出書（社内様式1）を人事部労務課に提出することにより申し
出るものとする。なお、育児休業中の有期契約従業員が労働契
約を更新するに当たり、引き続き休業を希望する場合には、更
新された労働契約期間の初日を育児休業開始予定日として、育
児休業申出書により再度の申出を行うものとする。

2　申出は、次のいずれかに該当する場合を除き、<u>一子につき1回限りとする。ただし、産後休業をしていない従業員が、子の出生日又は出産予定日のいずれか遅い方から8週間以内にした最初の育児休業については、1回の申出にカウントしない。</u>

(1)第2条第1項に基づく休業をした者が同条第4項又は第5項に基づく休業の申出をしようとする場合又は本条第1項後段の申出をしようとする場合

(2)第2条第4項に基づく休業をした者が同条第5項に基づく休業の申出をしようとする場合又は本条第1項後段の申出をしようとする場合

(3)配偶者の死亡等特別の事情がある場合

3～5　　（略）

※7　第4項は1歳～1歳6か月の休業、第5項は1歳6か月～2歳の休業

改正後

（育児休業の申出の手続等）

第3条

1　育児休業をすることを希望する従業員は、原則として育児休業を開始しようとする日（以下「育児休業開始予定日」という。）の1か月前（第2条第4項から第7項※8に基づく1歳及び1歳6か月を超える休業の場合は、2週間前）までに育児休業申出書（社内様式1）を人事部労務課に提出することにより申し出るものとする。なお、育児休業中の有期契約従業員が労働契約を更新するに当たり、引き続き休業を希望する場合には、更新された労働契約期間の初日を育児休業開始予定日として、育児休業申出書により再度の申出を行うものとする。

2　第2条第1項に基づく休業の申出は、次のいずれかに該当する場合を除き、一子につき2回までとする。

(1)第2条第1項に基づく休業をした者が本条第1項後段の申出をしようとする場合

(2)配偶者の死亡等特別の事情がある場合

3〜7　（略）

※8　第4項〜5項は1歳〜1歳6か月の休業、第6〜7項は1歳6か月〜2歳の休業

改定のポイント

・改正前は1子につき1回限りとされていた育児休業が、改正後は分割して2回まで取得できるようになるため、改正後規定例の第2項では、「一子につき2回まで」と改定しています。なお、分割取得できるようになるのは1歳までの育児休業のみであるため、分割取得は第2条第1項に基づく休業（1歳までの育児休業）に限定した記載となっています。1歳到達日後の休業の回数については、後述の「1歳到達日後の育児休業の見直し〜取得回数と特別な事情が生じた場合の再度の申出〜（131ページ）」を参照してください。

・第2項第2号については、配偶者の死亡以外にも以下のとおり様々な事由が省令（改正育介則5条）に定められていますので、従業員の方の理解を深める意味でも、すべての事情について記載することが望ましいと考えます。

育児休業を例外的に3回取得することができる特別な事情

・新たな産前産後休業期間が始まったことにより育児休業が終了

した場合で、産前産後休業にかかる子が次のいずれかに該当したとき

 a　死亡したこと

 b　子が他人の養子となったこと等の事情により、同居しないこととなったこと

・新たな育児休業期間または出生時育児休業期間が始まったことにより育児休業が終了した場合で、新たな育児休業にかかる子が次のいずれかに該当したとき

 a　死亡したこと

 b　子が他人の養子となったこと等の事情により、同居しないこととなったこと

 c　特別養子縁組の不成立、養子縁組里親への委託の措置の解除

・新たな介護休業期間が始まったことにより育児休業が終了した場合で、対象家族が死亡したときまたは離婚、婚姻の取消し、離縁等により介護休業の対象家族との親族関係が消滅したとき

・配偶者が死亡したとき

・配偶者が負傷、疾病、身体上・精神上の障害により、子を養育することが困難となったとき

・婚姻の解消その他の事情により配偶者が子と同居しないこととなったとき

・育児休業の申出にかかる子が負傷、疾病、身体上・精神上の障害により、2週間以上世話を必要とする状態になったとき

・育児休業の申出にかかる子について、保育所等に申込みを行っているが、当面保育の利用ができないとき

・今回の改正では、子の出生後8週間以内にした育児休業を1回

の申出とカウントしない、いわゆる「パパ休暇」が廃止されますので、改正前規定例の第2項ただし書き以降は、改正後規定例では削除されています。

2 1歳到達日後の育児休業の見直し ～休業開始日の柔軟化、特別な事情が生じた場合の取得要件の例外～

<u>改正前</u>

（育児休業の対象者）

第2条

1～2 （略）

3 配偶者が従業員と同じ日から又は従業員より先に育児休業をしている場合、従業員は、子が1歳2か月に達するまでの間で、出生日以後の産前・産後休業期間と育児休業期間との合計が<u>1年を限度として</u>、育児休業をすることができる。

4 次のいずれにも該当する従業員は、子が1歳6か月に達するまでの間で必要な日数について育児休業をすることができる。なお、育児休業を開始しようとする日は、<u>原則として子の1歳の誕生日に限るものとする。</u>

  イ 従業員又は配偶者が原則として子の1歳の誕生日の前日に育児休業をしていること

  ロ 次のいずれかの事情があること

  (ｱ) 保育所等に入所を希望しているが、入所できない場合

  (ｲ) 従業員の配偶者であって育児休業の対象となる子の親であり、1歳以降育児に当たる予定であった者が、死亡、負傷、疾病等の事情により子を養育することが困難になった場合

5　次のいずれにも該当する従業員は、子が2歳に達するまでの間で必要な日数について育児休業をすることができる。なお、育児休業を開始しようとする日は、<u>子の1歳6か月の誕生日応当日に限るものとする。</u>

イ　従業員又は配偶者が子の1歳6か月の誕生日応当日の前日に育児休業をしていること

ロ　次のいずれかの事情があること

(ア)　保育所等に入所を希望しているが、入所できない場合

(イ)　従業員の配偶者であって育児休業の対象となる子の親であり、1歳6か月以降育児に当たる予定であった者が、死亡、負傷、疾病等の事情により子を養育することが困難になった場合

改正後

第2条

1～2　（略）

3　配偶者が従業員と同じ日から又は従業員より先に育児休業又は出生時育児休業をしている場合、従業員は、子が1歳2か月に達するまでの間で、出生日以後の<u>産前・産後休業期間、育児休業期間及び出生時育児休業期間</u>との合計が1年を限度として、育児休業をすることができる。

4　次のいずれにも該当する従業員は、子が1歳6か月に達するまでの間で必要な日数について育児休業をすることができる。なお、育児休業を開始しようとする日は、<u>原則として子の1歳の誕生日に限るものとする。ただし、配偶者が育児・介護休業法第5条第3項（本項）に基づく休業を子の1歳の誕生日から</u>

開始する場合は、配偶者の育児休業終了予定日の翌日以前の日を開始日とすることができる。

 イ 従業員又は配偶者が原則として子の1歳の誕生日の前日に育児休業をしていること

 ロ 次のいずれかの事情があること

  ㋐ 保育所等に入所を希望しているが、入所できない場合

  ㋑ 従業員の配偶者であって育児休業の対象となる子の親であり、1歳以降育児に当たる予定であった者が、死亡、負傷、疾病等の事情により子を養育することが困難になった場合

 ハ 子の1歳の誕生日以降に本項の休業をしたことがないこと

5 前項にかかわらず、産前・産後休業、出生時育児休業、介護休業又は新たな育児休業が始まったことにより本条第1項に基づく休業（配偶者の死亡等特別な事情による3回目以降の休業を含む）が終了し、終了事由である産前・産後休業等に係る子又は介護休業に係る対象家族が死亡等した従業員は、子が1歳6か月に達するまでの間で必要な日数について育児休業をすることができる。

6 次のいずれにも該当する従業員は、子が2歳に達するまでの間で必要な日数について育児休業をすることができる。なお、育児休業を開始しようとする日は、原則として子の1歳6か月の誕生日応当日に限るものとする。ただし、配偶者が育児・介護休業法第5条第4項（本項）に基づく休業を子の1歳6か月の誕生日応当日から開始する場合は、配偶者の育児休業終了予定日の翌日以前の日を開始日とすることができる。

 イ 従業員又は配偶者が子の1歳6か月の誕生日応当日の前日に育児休業をしていること

 ロ 次のいずれかの事情があること

　　　(ア)　保育所等に入所を希望しているが、入所できない場合

　　　(イ)　従業員の配偶者であって育児休業の対象となる子の親で
　　　　　あり、1歳6か月以降育児に当たる予定であった者が、死
　　　　　亡、負傷、疾病等の事情により子を養育することが困難に
　　　　　なった場合

　ハ　子の1歳6か月の誕生日応当日以降に本項の休業をしたこ
　　とがないこと

7　前項にかかわらず、産前・産後休業、出生時育児休業又は新
　たな育児休業が始まったことにより本条第1項、第4項又は第
　5項に基づく育児休業（再度の休業を含む）が終了又は介護休
　業が始まったことにより本条第4項又は第5項に基づく育児休
　業（再度の休業を含む）が終了し、終了事由である産前・産後
　休業等に係る子又は介護休業に係る対象家族が死亡等した従業
　員は、子が2歳に達するまでの間で必要な日数について育児休
　業をすることができる。

改定のポイント

・1歳到達日後の育児休業開始予定日は、1歳〜1歳6か月の休
　業については「子が1歳に達する日の翌日（誕生日）」、1歳
　6か月〜2歳の休業については「子が1歳6か月に達する日の
　翌日（誕生日の応当日）」に限られています（改正前規定例第
　4項、第5項なお書き）が、改正後は、夫婦交代で取得する場
　合は「配偶者の育児休業終了予定日の翌日以前の日」を休業開
　始予定日とすることが可能とされますので、改正後規定例の第
　4項（1歳〜1歳6か月の休業）および第6項（1歳6か月〜
　2歳の休業）において、その旨の定めがただし書きとして追加

されています。

・1歳到達日後の育児休業の申出回数が改正により原則として1回とされることに伴い、1歳～1歳6か月の休業、1歳6か月～2歳の休業それぞれの取得要件に、「子の1歳の誕生日（または子の1歳6か月の誕生日応当日）以降に本項の休業をしたことがないこと」という要件が追加されています（改正後規定例第4項ハ、第6項ハ）。

・改正により、特別な事情（新たな産前産後休業等が始まったために育児休業が終了した場合で当該新たな産前産後休業にかかる子が死亡した場合等）が生じた場合は原則的な取得要件にかかわらず、1歳到達日後の育児休業の申出ができることとされましたので、改正後規定例では、以下のとおり規定されています。

①第5項（1歳～1歳6か月の休業）

　新たな産前産後休業等が開始したために1歳までの育児休業が中途で終了した場合で、その後産前産後休業等にかかる子が死亡した等特別な事情がある場合は、第4項の要件にかかわらず1歳～1歳6か月の休業が取得できる。

②第7項（1歳6か月～2歳の休業）

　新たな産前産後休業等が開始したために1歳までの育児休業または1歳～1歳6か月までの育児休業が中途で終了した場合で、その後産前産後休業等にかかる子が死亡した等特別な事情がある場合は、第6項の要件にかかわらず1歳6か月～2歳の休業が取得できる。

・第3項はいわゆる「パパ・ママ育休プラス」に関する規定ですが、パパ・ママ育休プラスの休業期間について、改正前は「出生日以後の産前・産後休業期間と育児休業期間との合計が1年を限度」として可能としているところ、改正後規定例では、出

生時育児休業の創設に伴い、産前・産後休業期間と育児休業期間に加え、出生時育児休業期間もあわせて1年を限度とされました。

3 1歳到達日後の育児休業の見直し〜取得回数と特別な事情が生じた場合の再度の申出〜

改正前

明確な定めなし

改正後

（育児休業の申出の手続等）

第3条

1〜2　（略）

3　第2条第4項又は第5項に基づく休業の申出は、次のいずれかに該当する場合を除き、一子につき1回限りとする。

(1)第2条第4項又は第5項に基づく休業をした者が本条第1項後段の申出をしようとする場合

(2)産前・産後休業、出生時育児休業、介護休業又は新たな育児休業が始まったことにより第2条第4項又は第5項に基づく育児休業が終了したが、終了事由である産前・産後休業等に係る子又は介護休業に係る対象家族が死亡等した場合

4　第2条第6項又は第7項に基づく休業の申出は、次のいずれかに該当する場合を除き、一子につき1回限りとする。

(1)第2条第6項又は第7項に基づく休業をした者が本条第1項

　　　　後段の申出をしようとする場合

　　(2)産前・産後休業、出生時育児休業、介護休業又は新たな育児
　　　　休業が始まったことにより第2条第6項又は第7項に基づく
　　　　育児休業が終了したが、終了事由である産前・産後休業等に
　　　　係る子又は介護休業に係る対象家族が死亡等した場合

5～7　　（略）

改定のポイント

・改正前の規定例には明確に定めがありませんでしたが、改正後
　の規定例には、第3項では1歳～1歳6か月の休業、第4項で
　は1歳6か月～2歳の休業の申出の手続きについて、改正法に
　基づき取得できる回数を1回と定めるとともに、特別な事情が
　生じた場合は再度の申出ができる旨の定めが追加されました。

4 育児休業申出の撤回ルールの見直し

改正前

（育児休業の申出の撤回等）

第4条

1　申出者は、育児休業開始予定日の前日までは、育児休業申出
　撤回届（社内様式4）を人事部労務課に提出することにより、
　育児休業の申出を撤回することができる。

2　育児休業申出撤回届が提出されたときは、会社は速やかに当
　該育児休業申出撤回届を提出した者に対し、育児休業取扱通知
　書（社内様式2）を交付する。

3　育児休業の申出を撤回した者は、<u>特別の事情がない限り同一の子については再度申出をすることができない。</u>ただし、第2条第1項に基づく休業の申出を撤回した者であっても、同条第4項及び第5項に基づく休業の申出をすることができ、第2条第4項に基づく休業の申出を撤回した者であっても、同条第5項に基づく休業の申出をすることができる。

4　（略）

改正後

（育児休業の申出の撤回等）

第4条

1　育休申出者は、育児休業開始予定日の前日までは、育児休業申出撤回届（社内様式4）を人事部労務課に提出することにより、育児休業の申出を撤回することができる。

2　育児休業申出撤回届が提出されたときは、会社は速やかに当該育児休業申出撤回届を提出した者に対し、育児休業取扱通知書（社内様式2）を交付する。

3　<u>第2条第1項に基づく休業の申出の撤回は、撤回1回につき1回休業したものとみなす。第2条第4項又は第5項及び第6項又は第7項に基づく休業の申出を撤回した者は、特別の事情がない限り同一の子については再度申出をすることができない。</u>ただし、第2条第1項に基づく休業を撤回した者であっても、同条第4項又は第5項及び第6項又は第7項に基づく休業の申出をすることができ、第2条第4項又は第5項に基づく休業の申出を撤回した者であっても、同条第6項又は第7項に基づく休業の申出をすることができる。

改定のポイント

- ・改正により育児休業が分割して取得できるようになることに伴い、撤回ルールが見直されたことによる改定です。
- ・育児休業の申出を撤回した場合、特別な事情がない限り同一の子について再度の申出はできません（改正前規定例第3項）。改正後は1歳までの育児休業は2回まで分割取得できるようになるため、1回撤回した場合は、その休業については休業したものとみなされ再度の申出はできませんが、2回目の申出は可能です。このため、改正後規定例の第3項では「第2条第1項に基づく休業」（1歳までの休業）については、「撤回1回につき1回休業したものとみなす」と定めています。
- ・一方、同じく改正後規定例の第3項において、「第2条第4項又は第5項及び第6項又は第7項に基づく休業」（1歳到達日後の休業）については、改正前と変わらず、申出を撤回した場合は特別な事情がない限り再度の申出をすることができない旨が定められました。つまり、今回の改正で1歳までの育児休業と1歳到達日後の育児休業で申出の撤回ルールが異なることとなったため、改正後規定例第3項ではそれぞれのルールを記載しているわけです。

5　出生時育児休業〜対象者〜

改正前

規定例に定めなし

改正後

（出生時育児休業の対象者）

第6条

1　育児のために休業することを希望する従業員（日雇従業員を除く）であって、産後休業をしておらず、子の出生日又は出産予定日のいずれか遅い方から8週間以内の子と同居し、養育する者は、この規則に定めるところにより出生時育児休業をすることができる。ただし、有期契約従業員にあっては、申出時点において、子の出生日又は出産予定日のいずれか遅い方から8週間を経過する日の翌日から6か月を経過する日までに労働契約期間が満了し、更新されないことが明らかでない者に限り、出生時育児休業をすることができる。

2　前項にかかわらず、労使協定により除外された次の従業員からの休業の申出は拒むことができる。

一　入社1年未満の従業員

二　申出の日から8週間以内に雇用関係が終了することが明らかな従業員

三　1週間の所定労働日数が2日以下の従業員

改定のポイント

・出生時育児休業は今回の改正により創設された新しい制度であるため、改正後規定例に新しい条文として追加されています。第6条は対象者についての規定です。第1項において出生時育

児休業の対象者（子の出生日または出産予定日から8週間以内の子と同居し、養育する者）を定義しています。

・第1項のただし書き以降は、有期雇用労働者の要件です。有期雇用労働者に対し継続雇用の条件を設けない場合は、規定の必要はありません。

・第2項は労使協定により出生時育児休業の対象外とすることができる一定範囲の労働者を除外する場合の定めです。これらの労働者も休業の対象とする場合は、第2項の規定は不要です。

6 出生時育児休業〜申出の手続き等〜

改正前

規定例に定めなし

改正後

（出生時育児休業の申出の手続等）

第7条

1 出生時育児休業をすることを希望する従業員は、原則として出生時育児休業を開始しようとする日（以下「出生時育児休業開始予定日」という。）の2週間前までに出生時育児休業申出書（社内様式1）を人事部労務課に提出することにより申し出るものとする。なお、出生時育児休業中の有期契約従業員が労働契約を更新するに当たり、引き続き休業を希望する場合には、更新された労働契約期間の初日を出生時育児休業開始予定日として、出生時育児休業申出書により再度の申出を行うものとする。

2　第6条第1項に基づく休業の申出は、一子につき2回まで分割できる。ただし、2回に分割する場合は2回分まとめて申し出ることとし、まとめて申し出なかった場合は後の申出を拒む場合がある。

3　会社は、出生時育児休業申出書を受け取るに当たり、必要最小限度の各種証明書の提出を求めることがある。

4　出生時育児休業申出書が提出されたときは、会社は速やかに当該出生時育児休業申出書を提出した者（以下この章において「出生時育休申出者」という。）に対し、出生時育児休業取扱通知書（社内様式2）を交付する。

5　申出の日後に申出に係る子が出生したときは、出生時育休申出者は、出生後2週間以内に人事部労務課に出生時育児休業対象児出生届（社内様式3）を提出しなければならない。

改定のポイント

・第7条は出生時育児休業の申出手続きに関する規定です。

・第1項では出生時育児休業の申出期限を定めています。本規定例では原則どおりの2週間前としていますが、労使協定を締結して雇用環境整備の措置等を講じることにより、申出期限を2週間超1か月以内の期間とする場合は、労使協定に定めた期間を記載することになります。

・第2項では出生時育児休業の申出回数について定めています。育児休業と同様、出生時育児休業は2回に分割して取得することが可能です。ただし、出生時育児休業の場合は、2回分まとめて申し出ることとされていますので、規定例のように2回分まとめて申し出る必要があることを記載しておくとよいでしょう。

・第3項から第5項については、育児休業の手続きと同様です
が、申出の書式等は出生時育児休業の申出のための書式を新規
に作成するか、既存の書式を改定する必要があります。社内様
式については「社内様式（149ページ）」を参照してくださ
い。

7 出生時育児休業～申出の撤回等～

改正前

規定例に定めなし

改正後

（出生時育児休業の申出の撤回等）

第8条

1　出生時育休申出者は、出生時育児休業開始予定日の前日まで
は、出生時育児休業申出撤回届（社内様式4）を人事部労務課
に提出することにより、出生時育児休業の申出を撤回すること
ができる。

2　出生時育児休業申出撤回届が提出されたときは、会社は速や
かに当該出生時育児休業申出撤回届を提出した者に対し、出生
時育児休業取扱通知書（社内様式2）を交付する。

3　第6条第1項に基づく休業の申出の撤回は、撤回1回につき
1回休業したものとみなし、みなし含め2回休業した場合は同
一の子について再度申出をすることができない。

4　出生時育児休業開始予定日の前日までに、子の死亡等により

出生時育休申出者が休業申出に係る子を養育しないこととなった場合には、出生時育児休業の申出はされなかったものとみなす。この場合において、出生時育休申出者は、原則として当該事由が発生した日に、人事部労務課にその旨を通知しなければならない。

改定のポイント

・第8条は出生時育児休業の申出の撤回に関する規定です。出生時育児休業申出の撤回については、育児休業の撤回に関する定めを準用することとされているため、基本的なルールは同じです。ただし、1歳までの育児休業と同様、2回とも申出を撤回した場合は、1歳到達日後の休業のように特別な事情があっても再度の申出はできません。第3項ではこの点が明確に記載されています。

8 出生時育児休業～休業期間～

改正前

規定例に定めなし

改正後

（出生時育児休業の期間等）

第9条

1　出生時育児休業の期間は、原則として、子の出生後8週間以

内のうち4週間（28日）を限度として出生時育児休業申出書（社内様式1）に記載された期間とする。

2　本条第1項にかかわらず、会社は、育児・介護休業法の定めるところにより出生時育児休業開始予定日の指定を行うことができる。

3〜6　（略）

改定のポイント

・第1項は出生時育児休業の休業期間についての定めです。子の出生後8週間以内のうち、4週間まで休業できることが規定されています。

・第2項は、休業開始日の指定についての定めです。育児休業と同様、労働者の申出が所定の申出期限より遅れた場合、事業主は一定範囲内で休業開始日の指定をすることができる旨を規定しています。

9 出生時育児休業
〜開始予定日の繰上げと終了予定日の繰下げ〜

<u>改正前</u>

規定例に定めなし

▼

<u>改正後</u>

（出生時育児休業の期間等）

第9条

1～2　（略）

3　従業員は、出生時育児休業期間変更申出書（社内様式5）により人事部労務課に、出生時育児休業開始予定日の1週間前までに申し出ることにより、出生時育児休業開始予定日の繰り上げ変更を休業1回につき1回、また、出生時育児休業を終了しようとする日（以下「出生時育児休業終了予定日」という。）の2週間前までに申し出ることにより、出生時育児休業終了予定日の繰り下げ変更を休業1回につき1回行うことができる。

4　出生時育児休業期間変更申出書が提出されたときは、会社は速やかに当該出生時育児休業期間変更申出書を提出した者に対し、出生時育児休業取扱通知書（社内様式2）を交付する。

5～6　（略）

改定のポイント

・第3項と第4項は、出生時育児休業の休業開始予定日の繰上げと終了予定日の繰下げに関する定めです。繰上げおよび繰下げについても育児休業の定めを準用することとされているため、基本的なルールは同じですが、第3項にあるとおり、出生時育児休業の終了予定日の繰下げの申出期限は2週間前とされています。この点は、育児休業（1か月前）と異なりますので、改定の際は注意が必要です。

10 出生時育児休業〜出生時育児休業の終了事由〜

改正前

規定例に定めなし

▼

改正後

（出生時育児休業の期間等）

第9条

1〜4　（略）

5　次の各号に掲げるいずれかの事由が生じた場合には、出生時育児休業は終了するものとし、当該出生時育児休業の終了日は当該各号に掲げる日とする。

⑴子の死亡等出生時育児休業に係る子を養育しないこととなった場合

　当該事由が発生した日（なお、この場合において本人が出勤する日は、事由発生の日から2週間以内であって、会社と本人が話し合いの上決定した日とする。）

⑵子の出生日の翌日又は出産予定日の翌日のいずれか遅い方から8週間を経過した場合

　子の出生日の翌日又は出産予定日の翌日のいずれか遅い方から8週間を経過した日

⑶子の出生日（出産予定日後に出生した場合は、出産予定日）以後に出生時育児休業の日数が28日に達した場合

　子の出生日（出産予定日後に出生した場合は、出産予定日）以後に出生時育児休業の日数が28日に達した日

⑷出生時育休申出者について、産前・産後休業、育児休業、介

　　護休業又は新たな出生時育児休業期間が始まった場合

　　産前・産後休業、育児休業、介護休業又は新たな出生時育児

　　休業の開始日の前日

6　　本条第5項第1号の事由が生じた場合には、出生時育休申出

　　者は原則として当該事由が生じた日に人事部労務課にその旨を

　　通知しなければならない。

改定のポイント

・第5項は出生時育児休業の終了事由についての定めです。第1
号の「子の死亡等出生時育児休業に係る子を養育しないことと
なった場合」とは、省令で次の事由が定められています（改正
育介則21条の14）

**子の死亡等出生時育児休業に係る子を養育しないこととなった
場合**

・子の死亡

・養子である子の離縁または養子縁組の取消し

・子が他人の養子となったこと等の事情により、同居しないこと
　となったこと

・特別養子縁組の不成立、養子縁組里親への委託の措置の解除

・労働者が負傷、疾病、身体上・精神上の障害により子が出生の
　日から起算して8週間を経過する日の翌日までの間、子を養育
　することができない状態になったこと

・第6項には、第5項第1号の事由（子の死亡等の事由）が生じ
た場合、出生時育児休業の申出者は会社にその旨を通知する義

務について定めています。これらの手続きについても、基本的に育児休業と同様です。

11 出生時育児休業〜休業期間中の就業〜

<u>改正前</u>

規定例に定めなし

▼

<u>改正後</u>

（出生時育児休業中の就業）

第9条の2

1　出生時育児休業中に就業することを希望する従業員は、出生時育児休業中の就業可能日等申出書（社内様式15）を休業開始予定日の1週間前までに人事部労務課に提出すること。なお、1週間を切っても休業前日までは提出を受け付ける。

2　会社は、前項の申出があった場合は、申出の範囲内の就業日等を申出書を提出した従業員に対して提示する（社内様式17）。就業日がない場合もその旨通知する。従業員は提示された就業日等について、出生時育児休業中の就業日等の同意・不同意書（社内様式18）を人事部労務課に提出すること。休業前日までに同意した場合に限り、休業中に就業することができる。会社と従業員の双方が就業日等に合意したときは、会社は速やかに出生時育児休業中の就業日等通知書（社内様式20）を交付する。

3　出生時育児休業中の就業上限は、次のとおりとする。

一　就業日数の合計は、出生時育児休業期間の所定労働日数の半分以下（一日未満の端数切り捨て）

二　就業日の労働時間の合計は、出生時育児休業期間の所定労働時間の合計の半分以下

三　出生時育児休業開始予定日又は出生時育児休業終了予定日に就業する場合は、当該日の所定労働時間数に満たない時間

4　本条第1項の申出を変更する場合は出生時育児休業中の就業可能日等変更申出書（社内様式15）を、撤回する場合は出生時育児休業中の就業可能日等申出撤回届（社内様式16）を休業前日までに人事部労務課に提出すること。就業可能日等申出撤回届が提出された場合は、会社は速やかに申出が撤回されたことを通知する（社内様式17）。

5　本条第2項で同意した就業日等を全部又は一部撤回する場合は、出生時育児休業中の就業日等撤回届（社内様式19）を休業前日までに人事部労務課に提出すること。出生時育児休業開始後は、次に該当する場合に限り、同意した就業日等の全部又は一部を撤回することができる。出生時育児休業中の就業日等撤回届が提出されたときは、会社は速やかに出生時育児休業中の就業日等通知書（社内様式20）を交付する。

一　出生時育児休業申出に係る子の親である配偶者の死亡

二　配偶者が負傷、疾病又は身体上若しくは精神上の障害その他これらに準ずる心身の状況により出生時育児休業申出に係る子を養育することが困難な状態になったこと

三　婚姻の解消その他の事情により配偶者が出生時育児休業申出に係る子と同居しないこととなったこと

四　出生時育児休業申出に係る子が負傷、疾病又は身体上若しくは精神上の障害その他これらに準ずる心身の状況により、

改定のポイント

- 出生時育児休業期間中の就業を認める場合の規定例です。出生時育児休業の特徴の１つとして、休業期間中の一定範囲内の就業が認められているという点がありますが、休業中の就業はあくまで労使協定を締結した場合に限りますので、就業を認めないとする場合は、これらの規定は不要です。

- 第１項では、出生時育児休業中の申出について、１週間前を原則としています。法律上は休業前日まで可能とされていますが、実務運用の関係から、この規定例のように法定よりも早めに提出してもらうこととしてもよいでしょう。ただし、その場合、その期限よりも遅れた場合でも休業前日までは受け付けることとすることが必要です。

- 第１項の労働者の申出、第２項の事業主の就業日の提示と労働者の同意、第４項および第５項の申出の変更と撤回、同意後の撤回、休業開始後の撤回と通知に関しては、①書面を交付する方法、②ファックスを利用して送信する方法、③電子メール等の送信の方法（電子メール等の記録を出力することにより書面を作成することができるものに限る）のいずれかで行う必要があります。②、③の方法は労働者が希望した場合に限るため、少なくとも書面（社内様式）は用意しておく必要があるでしょう。就業に関する社内様式については149ページを参照してください。

- 労使協定において、就業ができる部署の限定をする場合等は、その旨規定しておきましょう。たとえば、本条に「就業できる

従業員の範囲は労使協定に定める」などと規定しておくことが考えられます。

12 その他の規定例の留意点

> **改正前**
>
> （介護休業の期間等）
>
> 第9条
>
> 1〜4　（略）
>
> 5　次の各号に掲げるいずれかの事由が生じた場合には、介護休業は終了するものとし、当該介護休業の終了日は当該各号に掲げる日とする。
>
> (1)家族の死亡等介護休業に係る家族を介護しないこととなった場合
>
> 当該事由が発生した日（なお、この場合において本人が出勤する日は、事由発生の日から2週間以内であって、会社と本人が話し合いの上決定した日とする。）
>
> (2)申出者について、産前産後休業、育児休業又は新たな介護休業が始まった場合
>
> 産前産後休業、育児休業又は新たな介護休業の開始日の前日
>
> 6　（略）

改正後

（介護休業の期間等）

第13条

1～4 （略）

5 次の各号に掲げるいずれかの事由が生じた場合には、介護休業は終了するものとし、当該介護休業の終了日は当該各号に掲げる日とする。

(1)家族の死亡等介護休業に係る家族を介護しないこととなった場合

当該事由が発生した日（なお、この場合において本人が出勤する日は、事由発生の日から2週間以内であって、会社と本人が話し合いの上決定した日とする。）

(2)申出者について、産前・産後休業、育児休業、出生時育児休業又は新たな介護休業が始まった場合

産前・産後休業、育児休業、出生時育児休業又は新たな介護休業の開始日の前日

6 （略）

改定のポイント

・育児休業、介護休業等は、休業中に新たな産前産後休業、育児休業、介護休業が始まった場合に、その前日までで終了することとされていますが、今回の改正により、新たな「出生時育児休業」が開始したことが終了事由に追加されます。規定例では介護休業の終了事由について挙げていますが、その他、所定外労働の制限、時間外労働の制限、深夜業の制限についても同様の定めがあるため、これらの終了事由を育児・介護休業規程に定めている場合は、「出生時育児休業」の追加が漏れないように留意しましょう。

第2節　社内様式

　今回の改正により、2022年10月1日以降に育児休業の分割取得や1歳到達日後の育児休業の見直し、出生時育児休業の創設など育児休業の制度が大きく変わるため、社内様式の見直しが必要です。書面等※9で行う必要がある手続きのうち、今回の改正で改定または新設が必要となる可能性のある書式は以下のとおりです。

①育児休業申出書（分割取得、1歳到達日後の育児休業の見直しへの対応）

②出生時育児休業申出書（新規作成）

③育児休業取扱通知書（出生時育児休業への対応）

④対象児出生届（出生時育児休業への対応）

⑤休業申出撤回届（出生時育児休業への対応、撤回ルール変更に伴う回数記載の対応）

⑥出生時育児休業中の就業可能日等申出・変更申出書（新規作成）

⑦出生時育児休業中の就業可能日等申出撤回届（新規作成）

⑧出生時育児休業中の就業日等の提示（新規作成）

⑨出生時育児休業中の就業日等の〔同意・不同意〕書（新規作成）

⑩出生時育児休業中の就業日等撤回届（新規作成）

⑪出生時育児休業中の就業日等通知書（新規作成）

　ここでは、特に大幅な書式変更または新規で作成が必要な①、②、⑥〜⑪について、厚生労働省の社内様式例を参考に、次ページ以降で見ていきましょう。

※9　①書面を交付する方法、②ファックスを利用して送信する方法、③電子メール等の送信の方法（②、③の方法は労働者が希望した場合に限る）のいず

れかで行う必要があります。

1 （出生時）育児休業申出書 DL↓

社内様式1

（出生時）育児休業申出書

殿

[申出日]　　　年　月　日
[申出者] 所属
　　　　　氏名

私は、育児・介護休業等に関する規則（第　条及び第　条）に基づき、下記のとおり（出生時）育児休業の申出をします。

記

1　休業に係る子の状況	(1) 氏名	
	(2) 生年月日	
	(3) 本人との続柄	
	(4) 養子の場合、縁組成立の年月日	年　　月　　日
	(5) (1)の子が、特別養子縁組の監護期間中の子・養子縁組里親に委託されている子・養育里親として委託された子の場合、その手続きが完了した年月日	年　　月　　日
2　1の子が生まれていない場合の出産予定者の状況	(1) 氏名 (2) 出産予定日 (3) 本人との続柄	
3　出生時育児休業		
3-1　休業の期間	年　月　日から　年　月　日まで （職場復帰予定日　　　年　月　日）	
	※出生時育児休業を2回に分割取得する場合は、1回目と2回目を一括で申し出ること	
	年　月　日から　年　月　日まで （職場復帰予定日　　　年　月　日）	
3-2　申出に係る状況	(1) 休業開始予定日の2週間前に申し出て	いる・いない→申出が遅れた理由 〔　　　　　　　　　　　　　〕
	(2) 1の子について出生時育児休業をしたことが（休業予定含む）	ない・ある（　回）
	(3) 1の子について出生時育児休業の申出を撤回したことが	ない・ある（　回） →2回ある場合又は1回あるかつ上記(2)が2回ある場合、再度申出の理由 〔　　　　　　　　　　　　　〕
4　1歳までの育児休業（パパ・ママ育休プラスの場合は1歳2か月まで）		
4-1　休業の期間	年　月　日から　年　月　日まで （職場復帰予定日　　　年　月　日）	

150

		※1回目と2回目を一括で申し出る場合に記載（2回目を後日申し出ることも可能） 　　　年　　月　　　日から　　年　　月　　　日まで （職場復帰予定日　　　　　　年　　月　　　日）	
	4-2　申出に係る 　　状況	(1) 休業開始予定日の1か月前に 　　申し出て	いる・いない→申出が遅れた理由 〔　　　　　　　　　　　　　　　　〕
		(2) 1の子について育児休業をし 　　たことが（休業予定含む)	ない・ある（　　回） →ある場合 休業期間：　　年　　月　　　日から 　　　　　　　　年　　月　　　日まで →2回ある場合、再度休業の理由 〔　　　　　　　　　　　　　　　　〕
		(3) 1の子について育児休業の申 　　出を撤回したことが	ない・ある（　　回） →2回ある場合又は1回あるかつ上記 (2) がある場合、再度申出の理由 〔　　　　　　　　　　　　　　　　〕
		(4) 配偶者も育児休業をしてお 　　り、規則第　条第　項に基づき 　　1歳を超えて休業しようとする 　　場合（パパ・ママ育休プラス)	配偶者の休業開始（予定）日 　　　　　年　　　月　　　日
5	1歳を超える育児休業		
	5-1　休業の期間		年　　月　　　日から　　年　　月　　　日まで （職場復帰予定日　　　　年　　月　　　日）
	5-2　申出に係る 　　状況	(1) 休業開始予定日の2週間前に 　　申し出て	いる・いない→申出が遅れた理由 〔　　　　　　　　　　　　　　　　〕
		(2) 1の子について1歳を超える 　　育児休業をしたことが（休業予 　　定含む)	ない・ある→再度休業の理由 〔　　　　　　　　　　　　　　　　〕 休業期間：　　年　　月　　　日から 　　　　　　　　年　　月　　　日まで
		(3) 1の子について1歳を超える 　　育児休業の申出を撤回したことが	ない・ある→再度申出の理由 〔　　　　　　　　　　　　　　　　〕
		(4) 休業が必要な理由	
		(5) 1歳を超えての育児休業の申 　　出の場合で申出者が育児休業 　　中でない場合	配偶者が休業　している・していない 配偶者の休業（予定）日 〔　　　年　　月　　　日から 　　　　年　　月　　　日まで　〕

（注）上記3、4の休業は原則各2回まで、5の1歳6か月まで及び2歳までの休業は原則各1回です。
申出の撤回1回（一の休業期間）につき、1回休業したものとみなします。

＜提出先＞　直接提出や郵送のほか、電子メールでの提出も可能です。
○○課　　メールアドレス：□□□□＠□

【解説】

・育児休業申出書と出生時育児休業申出書を兼ねた書式です。

・3欄は出生時育児休業の記入欄です。

・3-1には休業の期間を記載しますが、分割して取得する場合は一

括で申し出ることが必要であるため、2段とも記載が必要です。

・3-2では申出期限までに申し出ているか、出生時育児休業を以前に取得していないか、申出の撤回等の状況について記載内容により確認します。

・4欄は1歳までの育児休業の記載欄です。分割取得できるようになることに伴い、4-1に2回目の休業期間の記載欄が追加されています。また、4-2の申出にかかる状況についても休業の回数と申出の撤回について分割取得にあわせた記載内容に変更されています。

・5欄は1歳を超える育児休業の記載欄です。特別な事情がある場合の再度の申出について確認するための欄として、5-2(2)欄が設けられています。また、配偶者と交代で取得する場合の確認のため、配偶者の休業（予定）日を確認する(5)欄が設けられています。

2 出生時育児休業中の就業可能日等申出・変更申出書　DL↓

社内様式15

出生時育児休業中の就業可能日等申出・変更申出書

　　　　　殿

　　　　　　　　　　　　　　　　　　　　　［申出日］　　　　年　　月　　日
　　　　　　　　　　　　　　　　　　　　　［申出者］所属
　　　　　　　　　　　　　　　　　　　　　　　　　　氏名

　私は、育児・介護休業等に関する規則（第　条）に基づき、下記のとおり出生時育児休業中の就業可能日等の〔申出・変更申出〕をします。

記

1．出生時育児休業取得予定日

　　　　　年　　月　　日（　曜日）から　　　　年　　月　　日（　曜日）まで

２．就業可能日等（変更申出の場合は当初申出から変更がない期間も含めて全て記載）

日付	時間	備考 （テレワーク等の希望）
年　　月　　日（　曜日）	時　　分〜　　時　　分	
年　　月　　日（　曜日）	時　　分〜　　時　　分	

（注１）申出後に変更が生じた場合は、休業開始予定日の前日までの間にすみやかに変更申出書を提出してください。

（注２）休業開始予定日の前日までに、就業可能日等の範囲内で就業日時等を提示します。提示する就業日がない場合もその旨通知します。

【解説】

・出生時育児休業中の就業を希望する場合に、労働者が就業可能日を申し出るための書式です。

・申出後に変更が生じた場合、労働者は開始予定日の前日までに変更後の期間を記載して「変更申出書」として提出します。

・２．欄には就業可能日と時間（所定労働時間の範囲内に限る）を記載します。ここには２日分の記載欄のみとなっていますが、就業希望日数が多い場合は、日数や時間が法律に定める範囲を超えていないか確認が必要です。

【就業可能な範囲】
・就業日数：出生時育児休業期間の所定労働日数の1/2以下
　　　　　　（１日未満の端数は切り捨てる）
・労働時間：出生時育児休業期間における所定労働時間の合計の1/2以下
・そ の 他：開始予定日または終了予定日を就業日とする場合、労働時間がその日の所定労働時間に満たない時間

・備考欄はテレワーク等就業条件の希望がある場合に記載します。

社内様式 16

出生時育児休業中の就業可能日等申出撤回届

　　　　　　　　殿

　　　　　　　　　　　　　　　[申出日]　　　年　　月　　日
　　　　　　　　　　　　　　　[申出者] 所属
　　　　　　　　　　　　　　　　　　　　氏名

　私は、育児・介護休業等に関する規則（第　　条）に基づき、　　　年　　月　　日に行った出生時育児休業中就業可能日等〔申出・変更申出〕を撤回します。

【解説】

・「出生時育児休業中の就業可能日等申出・変更申出書（152ページ）」により行った就業日の申出を撤回する場合の書式です。

4 出生時育児休業中の就業日等の提示について　DL↓

社内様式 17

出生時育児休業中の就業日等の提示について

　　　　　　　　殿

　　　　　　　　　　　　　　　　　　　年　　月　　日
　　　　　　　　　　　　　　　　　会社名

　あなたから　　　年　　月　　日に出生時育児休業中の就業可能日等の〔申出・変更申出・撤回〕がありました。育児・介護休業等に関する規則（第　　条）に基づき、就業日時等を提示いたします。

記

□ 以下の就業日を提示します。回答は　　月　　日までに　　　課へご提出ください。

① 　年　　月　　日（　曜日）　　時　　分〜　　時　　分（休憩時間　　時　　分〜　　時　　分）

② 　年　　月　　日（　曜日）　　時　　分〜　　時　　分（休憩時間　　時　　分〜　　時　　分）

※就業場所、業務内容等特記事項があれば記載

□ 提示する就業日はありません。全日休業となります。

□ 就業可能日等申出・変更申出は撤回されました。全日休業となります。

【解説】

・出生時育児休業中の就業日の申出があった場合に、その範囲内で事業主が就業日を労働者に提示する際の書式です。

・就業日を提示する場合は日付と時間を記載します。また、労働者の申出に対し、就業日を提示しない場合は、その旨を記載します。様式例では、「提示する就業日はありません。全日休業となります。」にチェックをいれるようになっています。

・この様式は労働者の同意前に申出の撤回があった場合の通知も兼ねています。

5 出生時育児休業中の就業日等の〔同意・不同意〕書　DL↓

社内様式18

出生時育児休業中の就業日等の〔同意・不同意〕書

　　　　　　　殿

〔申出日〕　　　年　　月　　日
〔申出者〕所属
　　　　　氏名

私は、育児・介護休業等に関する規則（第　　条）に基づき、　　　年　　月　　　日に提示された出生時育児休業中の就業日等について、下記のとおり回答します。

記

☐　提示された就業日等に全て同意します。

☐　提示された就業日等に全て同意しません。

☐　提示された就業日等のうち、以下の内容に同意します。

【解説】

・出生時育児休業中の就業日について、事業主が提示した日付に対する同意（不同意）書です。様式にあるとおり、労働者は、すべて同意、すべて不同意、一部同意等のうちから選択して記載し、事業主に提出します。

6　出生時育児休業中の就業日等撤回届　DL↓

社内様式19

出生時育児休業中の就業日等撤回届

　　　　　　　　　　殿

[申出日]　　　　年　　月　　日
[申出者] 所属
　　　　　氏名

　私は、育児・介護休業等に関する規則（第　　条）に基づき、　　　年　　月　　　日に同意した出生時育児休業中の就業日等について、〔全部・一部〕撤回します。

撤回する就業日等を記載

　　年　　月　　日（　曜日）　　時　　分～　　時　　分

　　年　　月　　日（　曜日）　　時　　分～　　時　　分

休業開始日以降の撤回の場合は、撤回理由を記載（開始日前の場合は記載不要）

[   ]

【解説】

・事業主が提示した就業日に対して同意した後に、全部または一部の就業日を撤回する場合の届出です。

・休業開始日前日までは理由を問わず同意した就業日を撤回できますが、休業開始日以降は撤回できる理由が一定の事情がある場合に限られているため、撤回が開始日以降の場合は撤回理由を記載することとされています。

7 出生時育児休業中の就業日等通知書　DL↓

社内様式20

出生時育児休業中の就業日等通知書

　　　　　　　　　　殿

　　　　　　　　　　　　　　　　　　　　　　　　　年　　月　　日

　　　　　　　　　　　　　　　　　　　　会社名

　あなたから　　　年　　月　　日に出生時育児休業中の就業日等の〔全面同意・一部同意・撤回〕がありました。育児・介護休業等に関する規則（第　条）に基づき、就業日等を下記のとおり通知します。

記

1	休業の期間	年　　月　　日（　曜日）から　　　　年　　月　　日（　曜日）（　　日）
2	就業日等申出撤回	(1) あなたが　　　　　年　　月　　日にした出生時育児休業中の就業日等の同意は撤回されました。 (2) あなたが　　　　　　　年　　月　　日に同意した出生時育児休業中の就業日等について、　　　　年　　月　　日に撤回届が提出されましたが、撤回可能な事由（※）に該当しないため撤回することはできません。当該日に休む場合は、事前に　　　　課まで連絡してください。
3	就業日等	就業日合計　　　　日（就業可能日数上限　　　　日） 労働時間合計　　　　時間（就業可能労働時間上限　　　時間）

		① 年 月 日 (曜日) 時 分〜 時 分
		（休憩時間 時 分〜 時 分）
		② 年 月 日 (曜日) 時 分〜 時 分
		（休憩時間 時 分〜 時 分）
		※就業場所、業務内容等特記事項があれば記載
4 その他	上記就業日等に就業できないことが判明した場合は、なるべく判明した日に 課まで連絡してください。

(※)　休業開始日以降に就業日等を撤回可能な事由
一　出生時育児休業申出に係る子の親である配偶者の死亡
二　配偶者が負傷、疾病又は身体上若しくは精神上の障害その他これらに準ずる心身の状況により出生時
　　育児休業申出に係る子を養育することが困難な状態になったこと
三　婚姻の解消その他の事情により配偶者が出生時育児休業申出に係る子と同居しないこととなったこと
四　出生時育児休業申出に係る子が負傷、疾病又は身体上若しくは精神上の障害その他これらに準ずる心
　　身の状況により、2週間以上の期間にわたり世話を必要とする状態になったとき

【解説】

・就業日等の申出、事業主の提示、労働者の同意等を経て、最終的に決定した就業日（または申出が撤回されたこと）等を事業主が通知する書式です。

・2欄は申出の撤回があった場合に記載します。(2)は省令に定める事由に該当しないことにより撤回を認めない旨の通知ですが、法を上回る措置として、撤回を広く認めることは差し支えありません。

・3欄の「就業可能日数上限」は出生時育児休業期間の所定労働日数の1/2以下（1日未満の端数切捨て）、「就業可能労働時間上限」は所定労働時間の合計の1/2以下であるため、「就業日合計」と「労働時間合計」は、その範囲内とする必要があります。

第3節　労使協定

DL⬇

　出生時育児休業制度において、申出期限を2週間超1か月以内とする場合や、休業期間中の就業を認める場合は、労使協定の締結が必要です。ここでは、労使協定においてどのような内容を定めるか見ていきましょう。

1 申出期限を2週間超1か月以内とする場合

　出生時育児休業の申出期限は原則として2週間前までですが、労使協定を締結して一定の措置を講じる場合は、申出期限を2週間超1か月以内の期間とすることが可能です。

　一定の措置とは、次の①〜③の措置です。

①以下の措置のうち2以上の措置を講じること。

　ⓐ雇用する労働者に対する育児休業に係る研修の実施

　ⓑ育児休業に関する相談体制の整備

　ⓒ雇用する労働者の育児休業の取得に関する事例の収集および当該事例の提供

　ⓓ雇用する労働者に対する育児休業に関する制度および育児休業の取得の促進に関する方針の周知

　ⓔ育児休業申出をした労働者の育児休業の取得が円滑に行われるようにするための業務の配分または人員の配置に係る必要な措置

②育児休業の取得に関する定量的な目標を設定し、育児休業の取得の促進に関する方針を周知すること

③育児休業申出に係る当該労働者の意向を確認するための措置を
講じた上で、その意向を把握するための取組みを行うこと

労使協定には、①～③について講じる措置と、２週間超１か月以内
の範囲で定める申出期限を定める必要があります。協定の例は以下の
とおりです。以下は、①について②と⑤を実施することとした場合で
す。

（出生時育児休業の申出期限）
第９条　事業所長（三を除く。）は、出生時育児休業の申出が円
滑に行われるよう、次の措置を講じることとする。その場
合、事業所長は、出生時育児休業の申出期限を出生時育児
休業を開始する日の１か月前までとすることができるもの
とする。
一　全従業員に対し、年１回以上、育児休業制度（出生時育児休
業含む。以下同じ。）の意義や制度の内容、申請方法等に関す
る研修を実施すること。
二　育児休業に関する相談窓口を各事業所の人事担当部署に設置
し、事業所内の従業員に周知すること。
三　育児休業について、○○株式会社として、毎年度「男性労働
者の取得率○％以上 取得期間平均○か月以上」「女性労働者
の取得率○％以上」を達成することを目標とし、この目標及び
育児休業の取得の促進に関する方針を社長から従業員に定期的
に周知すること。また、男性労働者の取得率や期間の目標につ
いては、達成状況を踏まえて必要な際には上方修正を行うこと
について労使間で協議を行うこと。
四　育児休業申出に係る労働者の意向について、各事業所の人事

担当部署から、当該労働者に書面を交付し回答を求めることで確認する措置を講じた上で、労働者から回答がない場合には、再度当該労働者の意向確認を実施し、当該労働者の意向の把握を行うこと。

2 出生時育児休業中の就業を認める場合

　出生時育児休業中の就業を認める場合、その旨労使協定を締結することが必要です。協定例は以下のとおりです。下記の協定例では特に就業できる対象者を限定していませんが、一部の部署等に限定することも可能です。

（出生時育児休業中の就業）

第10条　出生時育児休業中の就業を希望する従業員は、就業可能日等を申出ることができるものとする。

　ここからは、育児休業等に関する社会保険手続きに関して、特に男性が出生時育児休業および育児休業を取得した場合の手続きについて見ていきましょう。

1 出生に関する社会保険手続き

⑴被扶養者（異動）届

　出生した子を健康保険の被扶養者とする場合は、保険者（日本年金機構または健康保険組合）に対して「被扶養者（異動）届」を提出する必要があります。出生日の確定は、被扶養者の手続きのほか、出生時育児休業や育児休業開始日等にも関わりますので、子が出生したら速やかに労働者に報告してもらうようにしましょう。

⑵出産育児一時金

　健康保険の被保険者または被扶養者が出産したときは、健康保険から出産育児一時金が支給されます。男性労働者の場合、被扶養者である配偶者が出産したときは、出産育児一時金の請求が可能です。ただし、当該配偶者が「資格喪失後の給付」を受けられる場合等は、本人か配偶者のいずれか一方のみ請求できます。出産育児一時金の額は、1児につき42万円（産科医療補償制度に加入していない医療機関等で出産した場合は、40.8万円。以下同じ）です。また、健康保険組合によっては、上記のほか付加金が支給される場合もあります。

　手続きは、①直接支払制度を利用する場合、②受取代理制度を利用

する場合、③いずれの制度も利用しない場合で異なります。それぞれの手続きの流れは以下のとおりです。

①直接支払制度を利用する場合

・被保険者が医療機関等に対し、直接支払制度を利用することに対する合意文書を提出します。合意文書は医療機関等から提示されます。

・出産後、医療機関等から費用の明細書が交付されます。出産費用が出産育児一時金の額である42万円以内である場合は被保険者の支払いはありません。一方、費用が42万円を超えているときは、被保険者はその差額を医療機関等に支払います。

・出産費用が42万円未満の場合、または健康保険組合の付加給付があるときは、被保険者は所定の申請書（「健康保険出産育児一時金内払金支払依頼書・差額申請書」等）により、保険者に対して差額または付加給付の支給申請をします。

②受取代理制度を利用する場合

・被保険者が「出産育児一時金等支給申請書（受取代理用）」に記入し、医療機関等（受取代理人）の欄に記入してもらった上で、保険者に提出します。

・出産後、出産費用が出産育児一時金の額である42万円以内である場合は被保険者の支払いはありません。一方、費用が42万円を超えているときは、被保険者はその差額を医療機関等に支払う必要があります。

・出産費用が42万円未満の場合、または健康保険組合の付加給付があるときは、保険者から被保険者に対して申請書に記入した被保険者自身の口座に差額または付加給付が振り込まれます。

③直接支払制度、受取代理制度いずれも利用しない場合

直接支払制度および受取代理制度いずれも利用しない場合は、出産

をした医療機関等に出産費用は被保険者が全額支払います。その後「健康保険出産育児一時金支給申請書」に医師等の証明を受けた上で、保険者に提出します。

2 休業中の社会保険に関する手続き

⑴育児休業等取得者申出書（新規・延長）／終了届

　出生時育児休業および育児休業中は、健康保険および厚生年金保険の保険料が免除されますので、期間中、申出をすれば健康保険料と厚生年金保険料が免除されます。申出手続きは、「育児休業等取得者申出書（新規・延長）／終了届」に必要事項を記入して、日本年金機構（年金事務所）に提出します。健康保険組合に加入している場合は、健康保険組合にも提出が必要です。

　一方、社会保険料は月の末日時点で休業をしているか、14日以上の期間がなければ免除の対象とはならないため、休業が短期間である場合、保険料免除の要件を満たさないケースが想定されます。主に男性の場合、出生時育児休業と育児休業それぞれ2回ずつ取得が可能になりますが、その取得の都度、保険料の免除対象となるか否かに注意し、免除の対象とならない場合は事前に本人に伝えておきましょう。なお、同月内の短期間の休業の取得については通算して14日以上（就業した日数を除く）であれば保険料免除の対象となります。

　また、賞与については、1か月超の休業の場合のみ保険料が免除されますので、4週間（28日間）の取得が限度の出生時育児休業のみ取得する場合は、基本的に毎月の給与から徴収される保険料は免除されても、期間内に支給された賞与の保険料は免除されません。

　保険料免除の申出に関しては、書式等の変更があるか等本稿執筆時点では明らかになっていない部分がありますので、今後保険者からの

情報等により実務の内容を確認するようにしましょう。

3 休業中の雇用保険に関する手続き

⑴出生時育児休業給付金支給申請書等

　出生時育児休業を取得した者が一定の要件を満たす場合、雇用保険の「出生時育児休業給付金」が支給されます。

　出生時育児休業給付金の手続きは、次の書類に必要事項を記入して、管轄のハローワークに提出することにより行います。

- ・育児休業給付受給資格確認票・出生時育児休業給付金支給申請書
- ・雇用保険被保険者　休業開始時賃金月額証明書
- ・添付書類（母子手帳のコピー、賃金台帳、出勤簿等）

　出生時育児休業給付金の申請は、2回に分割した場合でも子の出生後8週間経過後にまとめて1回で行います。具体的には「子の出生の日から起算して8週間を経過する日の翌日」から「2か月経過日が属する月の末日」までに申請を行うこととされます。たとえば、子の出生後8週間が経過した日が5月10日だとすると、7月末日までということになります。なお、書式は本稿執筆時点ではまだ明らかになっていません。今後改正法施行までに手続きの詳細などが明らかになると考えられるため、今後公表される情報に留意しましょう。

⑵育児休業給付金支給申請書等

　雇用保険の被保険者が一定の要件を満たす場合、育児休業中に「育児休業給付金」が支給されます。育児休業給付金の支給申請は2か月に1回、2つの支給単位期間（2か月分）をまとめて申請します。初回の申請は、2つ目の支給単位期間の末日の翌日、つまり育児休業開始日より2か月が経過した日から可能です。初回申請時は次の書類に

必要事項を記入して、管轄のハローワークに提出します。

・育児休業給付受給資格確認票・（初回）育児休業給付金支給申請書

・雇用保険被保険者　休業開始時賃金月額証明書

・添付書類（母子手帳のコピー、賃金台帳、出勤簿等）

　　２回目以降の申請は２か月経過ごとに、下記の書類を提出します。

・育児休業給付金支給申請書

・添付書類（賃金台帳、出勤簿等）

　なお、2022年10月１日以降は育児休業の分割取得が可能となるため、１回目の育児休業が終了した後に再度育児休業を取得した場合も育児休業給付金が支給されます。手続きについては基本的に従来と同様ですが、支給要件（受給資格確認）の確認は１回目の休業時のみ行いますので、再度育児休業を取得した場合の初回の支給申請については、「育児休業給付金支給申請書」により行うこととなり、「育児休業給付受給資格確認票・（初回）育児休業給付金支給申請書」および「雇用保険被保険者　休業開始時賃金月額証明書」の提出は不要です。

　本稿執筆時点では明らかになっていませんが、改正後は分割取得も含め、休業のパターンが増えることから、各申請書の記載事項の追加に伴い書式が変更される可能性がありますので、今後の情報に留意が必要です。

4 職場復帰後の社会保険手続き

(1)育児休業等終了時報酬月額変更届

　出生時育児休業または育児休業の終了後、短時間勤務等により休業前より報酬が下がるなどした場合、一定の要件を満たせば、復帰後３か月間の賃金に基づき、４か月目から標準報酬月額を改定することができます。

　育児休業等終了時改定の改定月は4か月目ですから、たとえば、9月6日に職場復帰した場合は、9月から11月の3か月間に支払われた報酬の平均額に基づき12月以降に手続きを行うこととなります。2022年10月1日以降は、育児・介護休業法の改正により、出生時育児休業者や育児休業の分割取得など、複数回育児休業を取得する労働者も増えることが考えられますので、それぞれの休業について、復帰後4か月目の確認を忘れないようにしましょう。

　上記報酬の平均額等を確認した結果、従前の標準報酬月額と1等級以上の差が生じた等、改定の対象となる場合は、「育児休業等終了時報酬月額変更届」に所定の事項を記入して日本年金機構（年金事務所）に提出します。健康保険組合に加入している場合は、健康保険組合にも提出が必要です。なお、この届出は、健康保険の給付額に影響しますので、随時改定等と異なり本人の申出が必要です。届出には「申出者欄」がありますので、本人に確認をしてから届出をしましょう。

⑵養育期間標準報酬月額特例申出書・終了届

　子育て期間中に報酬の減少のため標準報酬月額が従前より低下した場合に、将来の年金給付（老齢厚生年金、障害厚生年金、遺族厚生年金）の額に影響がないよう、従前の高いほうの標準報酬月額とみなして年金給付の額が算出されるようにする制度です。みなし措置の適用を労働者が希望する場合は、「養育期間標準報酬月額特例申出書・終了届」を日本年金機構（年金事務所）に提出することが必要です。提出の際は、戸籍謄（抄）本または戸籍記載事項証明書（申出者と子の身分関係および子の生年月日を証明できるもの）と住民票（提出日から遡って90日以内に発行されたもの）の2点を添付する必要があります。なお、住民票について、申出者と養育する子の個人番号がどちらも記載されている場合は、添付は不要です。

この申出書は子が出生した直後に提出すれば基本的に子が３歳になるまで適用されますが、育児休業に入るといったん養育期間が終了しますので、育児休業終了後に再度の提出が必要です。出生時育児休業や育児休業を分割取得する場合で、みなし措置の適用を希望する場合は、休業が終了する都度提出することになります。

第 4 章

男性育休
促進企業の事例

男性の育児休業取得推進に向けて、
どんな取り組みをする？
様々なタイプの事例で学ぼう

第1章から第3章までは育児・介護休業法の改正に基づく基本的な対応や手続きを見てきましたが、今回の改正法の趣旨である男性の育児休業取得促進に向けて実際にどのような取組みを行うかは、各企業の実情によっても異なってきます。この章では、様々なタイプの企業が改正法施行前後にどのような取組みを行っていくのか、事例形式で見ていきましょう。

ケース1　くるみん認定を目標に積極的に取り組んだケース

A社の概要

　A社はコンサルティング業で、社員数は約80名です。採用難が続いているA社では、求職者へアピールできる「くるみん認定（174ページのコラム参照）」を受けることを目指していますが、女性の育児休業取得率が100％であるのに対して男性の育児休業取得実績がなく、中小企業の特例を適用しても認定基準を満たさない状態が続いていました。

A社の基本データ

業種：コンサルティング業

企業規模：85人

従業員の男女比：男性64人　女性21人

A社が取り組んだこと

⑴男性が育児休業を取得しやすい環境づくり

　A社では、女性の育児休業取得については職場の理解は進んでいたものの、男性の育児休業については管理職を中心に「配偶者が取得すればよいのでは」といった声があったため、A社の人事担当者は、まずは男性が育児休業の申出をしやすい環境づくりが必要と考え、法改正を機に男性の育児休業取得への理解を深める以下の取組みをしました。

①自社の育児休業取得促進の方針を決定し、社長のトップメッセージとともにグループウェアで社内に周知

　会社として男性の育児休業取得を促進していくことを明確にしました。

②社内研修の実施

・管理職研修

　月1回行われる管理職ミーティングで研修を実施し、育児休業の制度と会社の方針、トップメッセージを周知するとともに、男性の育児休業の申出に際し取得を控えさせるような言動はハラスメントにあたることも伝えました。

　また、男性の育児休業取得率が高い他社事例を紹介するなどして、育児休業が取得できるような業務体制づくり（業務の属人化を防ぐ工夫等）の必要性とメリットなどを伝えました。

・社員研修

　管理職とは別に、育児休業制度についての啓発を行うため、全社員に対しても研修を実施することにしました。実施方法は、法改正の概要のほか自社の育児休業や子育て支援に関する制度の内容を盛り込んだ1時間程度の研修動画を作成し、一定期間内に全員に視聴してもら

うことにしました。研修動画では、会社の取得促進の方針、育児休業は女性だけでなく男性も取得できること、出生時育児休業中は一定範囲内での就業ができることや、夫婦で育児休業を取得するパターンなどを示して、よりイメージがわくような内容にすることに努めました。

(2)取得意向の把握や個別の働きかけ

　2022年4月1日以降、改正法により義務付けられた個別周知については、内容を漏れなく伝え、本人からの質問にも答えられるよう、書面を用いて面談で実施することとしました。

　個別周知と同時に行う意向確認では、その場では取得するか否かが未定であった従業員については、その後も定期的に人事部が上司と本人に確認し、必要に応じて育児休業取得に向けての調整を実施するなど育児休業取得に向けて後押しをしました。

　また、従業員の配偶者の妊娠や出産等の情報を得た場合は、申出がなくても人事部から直接メールするなどして、個別周知の案内をするようにしました。

(3)育児休業取得者の体験談をグループウェアに掲載

　個別周知後に一人の男性従業員が出生時育児休業を1週間取得したため、上司と本人に体験談や感じたことをまとめてもらい、取得事例として女性の取得事例とともにグループウェアに掲載。育児休業が取得しやすい雰囲気の醸成に努めました。

取組みの効果

Before

・男性従業員の育休取得実績がなく、くるみん認定が受けられない。

・男性従業員の育休取得について職場の理解が不足。

After

- 男性従業員2名が、それぞれ1週間と10日間の出生時育児休業を取得。
- くるみん認定に関連して策定した行動計画期間中の育児休業取得率が認定基準を上回り、認定申請が可能になった。
- 社内で男性の育児休業取得に理解を示す雰囲気が広がり、子が産まれる予定の男性のうち、短期ではあるものの、4割程度が育児休業を申し出るようになった。

まとめ

　男性の育児休業が進まない背景には、「子育ては女性がするもの」、「男性が育児休業を取得するなんて」といった性別役割分担意識が職場にあることも少なくありません。この事例では、会社の方針やトップメッセージを発信した上で、研修等で管理職をはじめとした職場の意識改革に努めたこと、人事部が個別に積極的な働きかけをしたことが育児休業の申出につながったといえます。また、育児休業を取得した男性の事例公表は、身近な例を知ることで男性従業員の意識に変化が起こり、申出の増加につながる効果が期待できます。

 ワンポイントアドバイス

育児休業の回数・期間

　男性の育児のための休暇や休業をした期間を調べた調査[※1]では、男性正社員の育児休業の取得期間は「3日以内」が43.1％、次いで「4～7日」が25.8％と、1週間以内の短期間の取得が約7割を占めています。A社においても1週間や10日など短い期間の取得となっていますが、今後は業務体制の整備や後述の働き方改革を進めていくこと

で、男性が複数回の取得や長い期間の育児休業も取得できるような環境をつくっていくことが望まれます。

働き方改革

　男性の育児休業の取得率が思うように上がらない場合、もう一つの要因として長時間労働の問題が考えられます。恒常的な長時間労働は、休暇や休業を取得することを難しくします。業務の効率化や年次有給休暇の取得促進の取組み等により、長時間労働をなくすことが求められます。

　なお、くるみん認定を受けた後にさらに「プラチナくるみん認定」を目指す場合、所定外労働の削減等についての数値目標の達成等が求められますので、プラチナくるみんを目指す場合も、働き方改革は重要な鍵となります。

※1　厚生労働省委託事業「平成29年度仕事と育児の両立に関する実態把握のための調査研究事業報告書　労働者アンケート調査結果」（三菱UFJリサーチ＆コンサルティング株式会社）より

コラム

くるみん・プラチナくるみん認定と認定基準等の改正

1．くるみん・プラチナくるみん認定とは

　くるみん認定は、次世代育成支援対策推進法に基づく認定制度です。同法においては、常時101人以上の従業員を雇用する企業は、従業員の子育てと仕事の両立支援等に関して行動計画を策定すること等が義務付けられています（常時100人以下の企業は努力義務）。この行動計画に定めた目標を達成し、一定基準を満たした場合は、申請により、子育てサポート企業として厚生労働大臣の認定を受けることができます。この認定マークの愛称が「くるみん」です。認定を受けると、「くるみん」マークを自社の商品や広告、求人広告などに付け、子育

てサポート企業であることをPRして企業イメージを向上させることができるほか、政府の公共調達で有利に扱われるなどのメリットがあります。また、2015年からは、くるみん認定企業のうち、より高い水準の取組みを行った企業が一定要件を満たした場合に、優良な子育てサポート企業として特例認定を受けることができるようになりました。この特例認定は、認定マークの愛称にちなみ、「プラチナくるみん認定」といわれています。

　くるみん認定とプラチナくるみん認定には、策定した行動計画の達成や、男性・女性それぞれの育児休業等の取得率、時間外労働および休日労働時間数の平均が一定時間数未満であること等の認定基準が設けられています。

　これらの認定基準について、次世代育成支援対策推進法の省令が改正され、くるみん・プラチナくるみんの認定基準の一部が改正されたほか、新しい認定制度が創設されました。改正省令の施行日は2022年4月1日ですが、くるみん・プラチナくるみん認定については経過措置が設けられています。

２．改正の概要

　くるみん・プラチナくるみんの改正の概要は以下のとおりです。

⑴くるみん認定基準の改正

①男性の育児休業取得率に関する基準の改正

男性の育児休業等の取得率に関する認定基準 （①、②のうちいずれかの基準を満たすことが必要）	改正前	改正後
①男性の育児休業等の取得率	7％以上	10%以上

②男性の育児休業等取得者および企業独自の育児を目的とした休暇制度の取得率	15%以上	**20%以上**

②新たな認定基準の追加

「厚生労働省のウェブサイト『両立支援のひろば』で自社の男女の育児休業等取得率等を公表すること」が認定基準として追加。

(2)プラチナくるみん認定基準の改正

①男性の育児休業取得率に関する基準

男性の育児休業等の取得率に関する認定基準 （①、②のうちいずれかの基準を満たすことが必要）	改正前	改正後
①男性の育児休業等の取得率	13%以上	**30%以上**
②男性の育児休業等取得者および企業独自の育児を目的とした休暇制度の取得率	30%以上	**50%以上**

②女性の継続就業に関する基準

女性の継続就業に関する認定基準	改正前	改正後
出産した女性労働者および出産予定だったが退職した女性労働者のうち、子の1歳時点での在職者割合	55%以上	**70%以上**

(3)経過措置

くるみん・プラチナくるみん認定に関しては、経過措置として、2022年4月1日から2024年3月31日の間の認定申請は、改正前

の認定基準の水準であっても基準を満たすこととされました。また、2022年3月31日以前は改正前の基準を前提に取り組んでいることから、基準の算出にあたって、当該期間を計画期間から除外して計算することも可能とされました。

⑷トライくるみんの創設

今回の改正によりくるみん・プラチナくるみんとも認定基準が厳しくなったため、従来のくるみんと同じ基準で認定を受けられる「トライくるみん」が創設されました。認定基準は改正前のくるみん認定と同じです。

⑸くるみんプラス・トライくるみんプラス・プラチナくるみんプラス

不妊治療と仕事の両立に関し、くるみん・プラチナくるみん・トライくるみんのいずれかとあわせて認定を受ける制度です。それぞれのくるみんの種類に応じた認定基準を満たした上で、不妊治療のための休暇制度を設けている等の要件をすべて満たした場合に、認定が受けられます。

ケース2 シフト勤務に対応できるよう申出期限を1か月前としたケース

B社の概要

　B社は製造業で、社員数は約250名です。従業員は男性比率が高く、多くは工場勤務です。工場では事務職の女性の育児休業の取得実績はあるものの、工場勤務の男性の育児休業の取得実績はありません。工場は3交替制のシフト勤務であり、今回の改正に関しては、出生時育児休業について現場の管理職から「男性に急に休まれると業務に支障が出る」といった懸念の声が上がっています。

B社の基本データ

業種：製造業

企業規模：247人

従業員の男女比：男性205人　女性42人

B社が取り組んだこと

(1)出生時育児休業の申出期限を1か月前に変更

　出生時育児休業の申出期限を原則の2週間前とした場合、工場のシフト勤務に支障が出る可能性があったため、人事担当者は改正内容を把握した早い段階から工場長をはじめとした管理職層と話しあい、申出期限を1か月前までとしました。また、申出期限を早める場合は一定の措置を講じることについて労使協定を締結することが必要なため、以下の措置を講じることとしました。

①「雇用環境整備の措置」の内容

以下の2つを実施。

・相談窓口の設置

・育児休業および子育てに関連する制度の内容および育児休業の取得の促進の方針を記載した書面を配付して従業員に周知

②「育児休業の取得に関する定量的な目標を設定および育児休業取得促進の方針の周知」の内容

・育児休業取得率の目標を男女別に設定、①の雇用環境整備のための書面に併記して周知

③「育児休業取得の意向確認の措置を講じた上で、その意向を把握するための取組み」の内容

・意向確認時に育児休業を取得するか否かが未定であった従業員に対して、人事部が一定期間ごとに個別に連絡して、意向を把握するとともに疑問や不安のある従業員のフォローを実施。出生時育児休業等の取得に関する不安を払拭するよう努めた

⑵出生時育児休業中の就業は本社のみ

　申出期限のほかに検討しなければならないこととして、「出生時育児休業中の就業」があります。人事部や工場の管理職、責任者等も交えて検討した結果、工場ではシフト勤務を行っている関係から、休業期間中に従業員の希望に応じた就業を認めることは難しいということになりました。これにより、出生時育児休業の就業に関して定める労使協定では、本社に勤務する者のみ就業ができることとしました。

⑶工場の管理職への制度の周知

　工場の管理職に対して人事担当者が育児・介護休業法の改正と出生時育児休業の制度の内容などについて研修を実施し、出生時育児休

や育児休業の申出があった場合は、繁忙期であるまたは業務に支障が生じるといった理由で拒否できないことや、取得を控えさせるような言動はハラスメントに該当するため許されないこと等についても周知するようにしました。また、出生時育児休業の申出があった場合の体制整備についてディスカッションをしてもらい、どのような準備が必要か、具体的なイメージを掴んでもらうことに努めました。

⑷個別周知・意向確認をオンライン面談で実施

　管理職以外の従業員に対しては前述の⑴の①における、育児休業に関する制度や取得促進の方針について記載した書面を配付し、制度の周知をしたところ、工場勤務の男性従業員から「２人目の子を妻が妊娠中であり、出生時育児休業を取得したい」と周知文書に記載していた問い合わせ先（人事部内）に連絡がありました。個別周知については、法改正により大きく制度が変わったこともあり、制度内容について丁寧に説明したほうがよいという判断で、人事部の担当者が面談を行うこととしていましたので、オンラインで面談を実施しました。男性従業員からは雇用保険の給付金や社会保険料免除が受けられる要件について相談があったため、取得日数によっては給付金や社会保険料が免除されないこと等を面談で伝えました。また、人事部からは休業中の業務体制を整備する準備期間を十分にとるため、可能であれば早めに申し出ることを推奨しました。

　当該男性従業員はその後上司とも相談し、出産予定日の２か月前に正式に出生時育児休業を申し出て、業務の調整や必要な引継ぎを行ったのちに２週間の休業をすることができました。

取組みの効果

Before

・男性従業員の育児休業取得実績なし

・工場の管理職は「育児休業を取得されては困る」との認識

After

・最初の育児休業取得者以降、自社でも育児休業が取得できるという意識が男性従業員に広まり、申出者が増加。

・管理職層にも事前の準備をすれば男女問わず育児休業が取得できるという意識が浸透。

まとめ

　B社の例では、工場の育児休業取得について、早い段階から人事担当者が出生時育児休業の申出期限や就業について話し合い、シフト勤務の工場でも運用しやすい制度づくりをしたこと、また、現場の管理職に対して研修による啓発を行ったことで、実際の申出があった際にもスムーズに対応できました。育児休業の取得が可能であることを伝えるだけでなく、この例のように、職場の状況にあわせた制度づくりをして、育児休業取得への障害となるものをひとつずつ取り除いていくことも重要です。

ワンポイントアドバイス

業務の属人化を防ぐ取組み

　B社では今後も男女問わず育児休業取得の希望が増えていくものと考えられます。次の取組みとしては、工場内で休業する者がいても業

務に支障が生じないよう、業務の属人化を防ぐ取組みを進めることが考えられます。誰かひとりが休業してもその業務を代替できる者がいることで、育児休業にかかわらず、その他の休業や休暇を取得しやすくなるほか、本人や家族の疾病等による急な欠勤等にも対応が可能となります。このことは、企業にとっては業務が滞らないようにするリスクヘッジとなり、従業員にとってはワーク・ライフ・バランスに資するほか、離職率の低下などにも効果が期待されます。

ケース3　出生時育児休業中の就業にテレワークを活用したケース

C社の概要

　C社は情報通信業で、社員数は約60名です。急成長している一方で、従業員の時間外・休日労働が恒常的にあり、ハードワークを理由に退職する者も多く、近年は人材不足の問題も生じています。女性は数名の育児休業取得実績がありますが、男性はありません。

C社の基本データ

業種：情報通信業

企業規模：57人

従業員の男女比：男性37人　女性20人

C社が取り組んだこと

⑴従業員アンケートを実施

　C社では年次有給休暇も含め、休暇・休業の取得率は高いとはいえません。そこで、法改正を機に育児休業取得についてニーズがあるかweb上で簡単なアンケートを実施したところ、男性従業員のうち、子が産まれたら育児休業を取得したいと考えている割合が5割以上であることがわかりました。その一方で「プロジェクトに入っているとたとえ1週間でも取得は難しい」といった声や、「休業中に無収入となることに不安がある」といった声があることもわかりました。人事担当者は、これらのアンケート結果から、業務に支障を来さず育児休業を取得できる制度づくりが必要と考えました。

(2)休業中の就業を可とし、テレワークを活用

　アンケートでは出生直後の休業のニーズが多かったのですが、プロジェクト等で連続した休業を取得するのは現実的に難しい状況であるため、出生時育児休業中の就業を法で定める範囲内[※2]で可能としました。就業にあたっては、C社がすでに導入しているテレワーク（在宅勤務）とフレックスタイム制（186ページのコラム参照）を活用し、午前中は子どもの世話、午後からはリモート会議というように、柔軟に働けるようにしました。

> ※2　出生時育児休業中の就業可能な範囲
> ・日数：出生時育児休業期間の所定労働日数の1/2以下（端数切り捨て）
> ・時間：出生時育児休業期間における所定労働時間の合計の1/2以下
> ・その他：開始予定日または終了予定日を就業日とする場合、労働時間がその日の所定労働時間に満たない時間

(3)従業員への制度周知

　制度の概要を決定したところで、従業員に制度を広く知ってもらうため、社内周知することにしました。就業規則を改定するだけでなく、新しい制度について概要をわかりやすく記載したパンフレットを作成し、グループウェアに掲載しました。C社は雇用環境整備の措置としては相談窓口の設置をしたので、パンフレットとともに、制度内容で不明点等がある場合は相談窓口に連絡するようあらためて周知しました。

(4)オンライン面談による個別周知・意向確認

　妊娠・出産の申出に対しては、育児休業を取得したい男性が不安なく申出ができるよう、人事部がオンラインで面談をし、丁寧に疑問に答えることにしました。またアンケート時に休業中はまったく収入がなくなると思っている従業員もいたため、雇用保険の（出生時）育児休業給付金の概算を個別に計算するツールを提供するなどして、取得

を検討してもらうことにしました。このような個別周知の結果、男性従業員がはじめてテレワークをしながら出生時育児休業を取得しました。人事担当者は本人の了解を得て、取得に至るまでの経緯や休業中の過ごし方を事例としてグループウェアに掲載して共有した結果、配偶者の出産を控えた他の男性従業員からも問い合わせが来るようになりました。

取組みの効果

Before

・男性の育児休業取得の希望はあるが、業務都合や収入面の不安から取得実績はなし

After

・男性従業員がはじめてテレワークをしながら出生時育児休業を取得

まとめ

　C社では、育児休業取得の希望はあるものの、男性従業員は連続した休業は難しいと感じていました。そこで休業中に計画的に就業できるという出生時育児休業の制度の特徴を利用し、休業中もテレワークで柔軟に働けるようにしたことで、男性従業員の休業取得を可能にしました。また、雇用保険の給付金についてツールを作成して具体的な金額がわかるようにするなど、公的な給付があることを丁寧に伝えたことは、収入面での誤解や不安を解消し、申出を後押ししたものと考えられます。

　なお、雇用保険の給付金や社会保険料の免除等は、就業した日数によっては給付金の支給や保険料の免除が受けられない場合があります。これらは休業中の就業を考える労働者にとって重要な情報となり

ますので、個別周知で十分な説明をすることが重要です。

ワンポイントアドバイス

働き方改革

　C社は休業中の就業を可能とすることで出生時育児休業を実現させ
ましたが、もともと時間外労働が多く、休暇・休業が取得しづらいと
いう点に根本的な課題があります。今後は時間外労働の削減や休暇を
取得しやすい仕組みづくり等が必要になるでしょう。これらにより働
きやすい環境づくりができれば、育児休業を取得しやすくするだけで
なく、離職率の低下にもつながるものと考えられます。

コラム

フレックスタイム制

１．フレックスタイム制とは

　フレックスタイム制とは、労働基準法に定める労働時間制度の一つ
で、あらかじめ一定の期間内の総労働時間を定めておき、その範囲内
で各日の始業および終業の時刻を労働者本人の決定に委ねる制度をい
います。

２．フレックスタイム制における働き方

　フレックスタイム制では、１日の所定労働時間を固定的に定めず、
必ず勤務しなければならない時間帯（コアタイム）と、いつ出社また
は退社してもよい時間帯（フレキシブルタイム）を定めた上で、フレ
キシブルタイムの時間帯の中で労働者本人が自由に出退社することが
できます。たとえば、仕事が忙しい期間に集中して働き、比較的余裕
のある時期に早く帰るようにしたり、午後に家族の通院に付き添う必
要がある日は終業時刻を早めて通院に間に合う時間に帰宅することが

可能です。

　なお、コアタイムは法令上必ず設けなければならないものではないため、たとえばコアタイムをなくしてすべてフレキシブルタイムとすることも可能です。

3．フレックタイム制を導入するには

　フレックスタイム制を導入するにあたっては、フレックスタイム制を適用することおよび始業・終業時刻を労働者の決定に委ねる旨を就業規則等に定めることと、一定期間内の総労働時間やコアタイム・フレキシブルタイム等、所定の事項について労使協定を締結する必要があります。

ケース4 経営トップへの説明からはじめたケース

D社の概要

D社は住宅建築をメインとする建築業で、社員数は約130名です。従業員は9割近くが男性であり、ここ数年は男女ともに育児休業の取得実績はありません。

D社の基本データ

業種：建設業

企業規模：132人

従業員の男女比：男性116人　女性16人

D社が取り組んだこと

⑴経営トップへの改正内容の説明

D社では何年も育児休業取得の実績がなく、職場は育児休業等を申出しやすい環境にあるとはいえません。育児・介護休業法の改正対応をすることになった人事担当者は、出生時育児休業について経営層に検討してもらうべき事項があるものの、経営層は男性の育児休業等についてあまり前向きではなかったため、改正法の概要をまとめた資料をつくり、改正にかかる自社の検討事項一覧を添えて役員会で説明を行いました。その説明によりやっと経営層の理解を一定程度得たため、検討事項の内容を決定していきました。

⑵雇用環境整備と個別周知

　雇用環境整備は相談窓口の設置とし、出生時育児休業その他の改正概要を記載した書面とともにグループウェアで従業員に周知しました。個別周知と意向確認については、従業員は各現場にいることも多いので、書面による交付を原則として、従業員の希望があれば面談による説明も行うこととしました。

　この個別周知を受けた男性従業員から、相談窓口に対して「育児休業を取得したいが上司に再考せよと言われている」と相談があったため、人事部から上司に対し、取得を控えさせるような言動はハラスメントにあたることなどを伝えた上で、人事部が間に入る形で取得に向けた具体的な話を進めていった結果、この男性従業員は、9日間の出生時育児休業を取得しました。

⑶出生時育児休業の申出期限と期間中の就業

　出生時育児休業の申出期限については、1か月前までとすることも検討しましたが、1か月前とした場合、一定の雇用環境整備のための措置を講じ、労使協定を締結することが義務付けられています。その一方で、妊娠・出産の申出者とコミュニケーションがとれていれば休業を早めに申し出てもらえるケースも相当数あると考えられるため、原則どおり2週間前までの申出とし、意向確認の実施後一定期間経過後に人事部から育児休業等の申出について個別に状況を確認することにしました。

取組みの効果

Before

・男女とも何年も育児休業の取得実績がない
・経営層は男性の育児休業の取得に理解がない

・経営層の理解を得て改正法対応を実施

・相談窓口の対応により1名が出生時育児休業を取得

まとめ

　D社では、まずは改正法の説明をするなどして、経営層の理解を得ることからはじめました。経営層の理解を得られれば、その後の制度づくりが進めやすくなります。また、この事例のように、相談があった際に相談対応者が適切な対応ができることは、相談窓口の設置における要件ですので、形式的なものにならないように留意しましょう。

 ワンポイントアドバイス

ハラスメント防止も含めた研修

　D社では、上司に育児休業の取得を控えさせるような言動が見られたようです。今回は相談窓口の対応により出生時育児休業を取得することができましたが、管理職にこのような意識があると、職場の雰囲気が申出そのものを難しくしてしまいます。今後の取組みとしては、管理職層に向けて制度の内容を周知するとともに、ハラスメントに該当するような言動あるいは、不利益取扱い等をしないよう、研修等の実施を検討することが考えられます。

ケース5　育児休業の取得パターンを示し、取得促進したケース

E社の概要

　E社はネット通信販売を営む会社で、従業員数は約250名。女性従業員が多く、女性の育児休業取得率は100％です。くるみん認定を受けていることもあり、男性の育児休業取得を促進しています。男性の育児休業の取得率は4割に達しましたが、取得期間は3日程度と短期間です。

E社の基本データ

業種：卸売・小売業

企業規模：251人

従業員の男女比：男性92人　女性159人

E社が取り組んだこと

⑴個別周知時に取得パターンを提示

　E社ではくるみん認定を受けていることもあり、以前より男性の育児休業の取得を促進しています。取得率は4割に達したものの、休業期間が平均3日間程度であるため、法改正を機に長期または複数回の育児休業の取得促進をすることとしました。具体的には、妊娠・出産の申出があった際に行う個別周知の際に、パパ・ママ育休プラスの制度や育児休業の分割取得を活用した、夫婦交代で育児休業を取得するパターン等を図で示し、周知後に夫婦で相談できるように書面で交付しました。また、連続した期間の休業を取得することが難しいと考え

る男性労働者には、出生時育児休業については、一定範囲内でテレワークをしながら就業できることを伝えました。

⑵オンライン研修の実施

E社は雇用環境整備の措置としては、すでに育児休業に関する相談全般を受け付ける相談窓口を設置しており、法律上の要件は満たしていますが、今回の改正により制度が大きく変わり、柔軟に育児休業が取得できることとなったため、従業員全員に一定期間内に改正法の概要と自社の関連する制度についてオンライン研修を受講してもらうこととしました。研修は管理職層と一般職層で内容を分け、管理職層には申出があった場合の流れや休業までの対応すべき事項のほか、ハラスメント防止や不利益取扱いの禁止等、一般職層は利用できる制度の内容のほか、育児休業の申出に関してトラブルが生じた場合の相談窓口の周知等を含む内容としました。

取組みの効果

Before

・男性の育児休業取得実績はあるが、3日程度と短い

After

・個別周知やオンライン研修の実施により改正後の制度が周知され、育児休業を1か月取得するケースと、育児休業を分割して2回取得するケースの申出があった。

まとめ

従業員向け研修を実施したり、個別周知時に育児休業の取得パターンを示す工夫をするなどして、これまでより男性従業員が長い期間の

育児休業を取得するようになったケースです。育児休業は１日でも取得できますが、「育児のために休業をする」という観点からは、１、２日では育児・家事全般を行うのは難しいでしょう。男性の育児休業の経験談によれば、出生直後の育児経験は職場復帰後も時間の使い方が効率よくなったり、子のいる女性従業員の状況がよくわかるようになりコミュニケーションが円滑になる等のメリットがあるようです。このようなメリットを事例等を通して伝えていくことも効果的な方法です。

業務体制の整備

　３日程度の休業であれば代替要員や業務の引継ぎ等は必要ない場合が多いと考えられますが、今後、分割取得や長期の育児休業を取得する場合、引継ぎや代替要員が必要になるケースも生じます。女性の場合は妊娠、出産の期間を経て育児休業を取得するため十分な準備期間がありますが、男性の場合は１か月前（出生時育児休業は２週間前まで）の申出となることが考えられますので、問題なく休業が取得できるよう、業務の属人化を防ぐ仕組み等を検討しておく必要があるでしょう。

事例の周知

　まとめにもあるとおり、これまでより長い期間、または複数回の取得をするケースが生じた場合は、経緯を事例としてまとめ、社内イントラネットに掲載するなどして周知するとよいでしょう。実際にどのようにすれば長い期間の休業がスムーズに取得できるのかがわかり、同じように取得したいと考える男性従業員の申出の後押しとなる効果が期待できます。

女性活躍推進の目標として掲げているケース

F社の概要

　F社は化粧品等の製造・販売をする会社で、従業員数は約220名。工場には女性従業員が多く、女性の育児休業取得率は100％です。F社は従業員数が101人以上であるため、2022年4月より女性活躍推進法（女性の職業生活における活躍の推進に関する法律）の改正により、一般事業主行動計画（196ページのコラム参照）を策定することが義務化されました。F社は女性の育児休業取得率は高いものの、男性の育児休業取得実績はありません。女性が活躍していくためには男性の育児への関わりが非常に重要だと考えたF社は、男性の育児休業取得率を3割とすることを行動計画の目標の一つとして設定しました。

F社の基本データ

業種：化学工業

企業規模：223人

従業員の男女比：男性85人　女性138人

F社が取り組んだこと

⑴一般事業主行動計画とともに、改正内容を周知

　女性活躍推進法では、策定した一般事業主行動計画は、社内周知、外部へ公表、都道府県労働局へ届け出ることが義務付けられています。F社では工場勤務の従業員にもれなく周知ができるよう、男性の育児休業の取得率に関する目標を記載した行動計画の内容と、改正による

育児・介護休業制度の内容について記載された書面を全員に配付し、会社の目標と制度の内容について周知しました。

⑵個別の連絡・勧奨

　個別周知・意向確認後、取得するか未定となっている従業員については、人事部から定期的にメール等を送り、育児休業取得を個別に勧奨しました。この連絡で疑問点が解消され、申出につながった例がありました。

取組みの効果

Before

・男性の育児休業の取得実績なし

After

・個別周知や実施後の意向把握の確認により、男性の育児休業取得者が少しずつ増加。計画期間内に目標を達成する見通し

まとめ

　女性活躍推進の目標の一つとして男性の育児休業取得率UPを挙げた事例です。目標の達成は法律上の義務ではありませんが、社内外に公表することで、会社の目指す方向を示すことができます。

ワンポイントアドバイス

えるぼし認定

　女性活躍推進法では、女性活躍推進に関する行動計画の策定・届出を行った企業のうち、女性の活躍に関する取組みの実施状況が優良な

企業に対して認定制度（通称「えるぼし認定」）を設けています。え
るぼし認定には1段階目から3段階目まであり、それぞれの段階に認
定基準が設けられています。また、2020年6月には、えるぼし認定
を受けた事業主のうち、女性活躍に関する取組みの実施状況が特に優
良な企業に対する「プラチナえるぼし認定」の制度が新たに創設され
ました。今後女性活躍推進を進めるにあたっては、えるぼし認定を取
得することを検討することも考えられます。

|1段階目|2段階目|3段階目|プラチナえるぼし|

女性活躍推進法に基づく一般事業主行動計画の策定等

　女性活躍推進法とは、急速な少子高齢化や国民の需要の多様化、そ
の他社会情勢の変化に対応するため、女性の活躍の推進について基本
原則を定めるとともに、国、地方公共団体、企業に対して女性が活躍
するために実施すべき事項を定めた法律であり、2016（平成28）
年4月1日から2026（令和8）年3月31日までの10年間の時限立
法です。この法律では、以下の2点を事業主に義務付けています。

　①自社の女性活躍を推進するための行動計画(一般事業主行動計画)
　　の策定等

　②自社の女性の活躍状況に関する情報公表

　これらは、従来常時雇用する労働者が301人以上の企業に対して
義務付けられており、300人以下の企業は「努力義務」とされてい
ましたが、法改正により、2022年4月1日以降は、101人以上の企

業に義務付けられることとされました。つまり、今回の改正によって、「努力義務」にとどまっていた101人以上300人以下の企業は新たに「義務」の対象となり、行動計画の策定・届出および情報公表を求められることになったわけです。行動計画には「計画期間」、「数値目標」、「取組みの内容」、「取組みの実施時期」を盛り込む必要があります。また、策定した行動計画は、社内周知、HP等での外部への公表、都道府県労働局への届出が必要です。

【著者プロフィール】

島　麻衣子

社会保険労務士法人ヒューマンテック経営研究所　法人社員（役員）、

株式会社ヒューマンテック経営研究所　取締役、

特定社会保険労務士、キャリアコンサルタント、産業カウンセラー。

　慶應義塾大学文学部卒。全日本空輸株式会社（ANA）入社、国際線客室乗務員として勤務。出産を機に退職後、1996年社会保険労務士資格を取得し、その後、大手社労士法人に15年間在職。法人社員（役員）を経て、2012年1月に独立し、「社会保険労務士 島 麻衣子事務所」開業。6年3か月にわたり同事務所代表を務める。2018年4月ヒューマンテック経営研究所に入所。人事労務相談、就業規則作成・改定のほか、女性活躍推進、ワーク・ライフ・バランス、ハラスメント問題等に関するコンサルティング、各種セミナー、専門誌等への執筆を行う。

　主な著書に『2022年4月・10月施行の改正法に完全対応 産休・育休制度の実務がまるっとぜんぶわかる本』（日本法令）、『中小企業がイキイキ輝く！女性活躍推進法一般事業主行動計画 課題別策定ガイド』（第一法規）、『ケーススタディ 労働時間、休日・休暇』（第一法規加除式・編集委員、執筆者）がある。また、専門誌『月刊人事労務実務のQ&A』（日本労務研究会）にて「女性が活躍する会社づくりの実務」、『季刊ろうさい』（労災保険情報センター）で「労務管理講座」を連載中。2017年度〜2021年度「東京都女性の活躍推進加速化事業」講師。その他執筆・研修実績多数。

サービス・インフォメーション
──── 通話無料 ────

①商品に関するご照会・お申込みのご依頼
　　　　　TEL 0120(203)694／FAX 0120(302)640
②ご住所・ご名義等各種変更のご連絡
　　　　　TEL 0120(203)696／FAX 0120(202)974
③請求・お支払いに関するご照会・ご要望
　　　　　TEL 0120(203)695／FAX 0120(202)973

●フリーダイヤル（TEL）の受付時間は、土・日・祝日を除く
　9：00～17：30です。
●FAXは24時間受け付けておりますので、あわせてご利用ください。

今すぐ使える！　男性育休の対応と実務
―令和３年改正育児・介護休業法対応―

2022年６月５日　初版発行

著　者　　島　麻衣子

発行者　　田　中　英　弥

発行所　　第一法規株式会社
　　　　　〒107-8560　東京都港区南青山2-11-17
　　　　　ホームページ　https://www.daiichihoki.co.jp/

R３男性育休　ISBN 978-4-474-07748-5　C2032（7）